AF403116

SOUVENIRS

DE LA

CAMPAGNE 1870-1871

ET DU

SIÈGE DE PARIS

Par un Moblot, du Bataillon de Melun

E. DECANTE

ANCIEN SERGENT-MAJOR

à la 7ᵉ Compagnie

PRIX : 1 FR. 50

EN VENTE CHEZ :

BROSSONNOT, LIBRAIRE

MELUN

1914

8ᵉ Lh⁴
27116

R. F. BIBLIOTHÈQUE NATIONALE IMPRIMÉS

AVANT-PROPOS

Ancien sergent-major à la 7ᵉ compagnie du 3ᵉ bataillon de la garde mobile de Seine-et-Marne, en 1870, j'ai conservé avec soin les brouillons des registres de rapport et d'ordre de la Compagnie, ainsi que mes notes et impressions personnelles, consignées au jour le jour, pendant la Campagne, sur un Carnet que j'appelais « *Mon Journal* ».

Combien de fois ai-je relu tous ces documents sans avoir l'idée que je pourrais, en les coordonnant, mettre sur pied un historique du 3ᵉ bataillon pendant cette malheureuse Campagne.

Or, le 19 janvier 1913, dans une réunion organisée à Mormant, par les survivants de la 7ᵉ compagnie, pour commémorer le 42ᵉ anniversaire de la bataille de Montretout-Buzenval, j'ai lu à mes Camarades de la 7ᵉ plusieurs de ces documents pris au hasard, ce qui nous a fait, à tous, revivre quelques-unes des heures douloureuses et angoissantes du siège de Paris.

Ils me firent remarquer l'intérêt qu'offrait pour eux ces notes évocatrices, et je promis de travailler à cet historique afin de le leur soumettre lors du banquet projeté pour janvier 1914.

J'en suis donc arrivé à établir le recueil qu'on va lire, et cela sans aucune prétention littéraire et sans autre ambition que d'intéresser les survivants du 3ᵉ bataillon et, tout spécialement les vieux amis de la 7ᵉ compagnie.

Ce recueil qui reproduit textuellement, par ordre chronologique, les rapports et ordres du bataillon, ainsi que les impressions personnelles détachées du Journal que j'ai tenu pendant la campagne, est divisé en trois périodes.

La première allant du 1er août au 11 septembre 1870, jour du départ pour Paris.

La deuxième allant du 11 septembre 1870 au 28 janvier 1871, date de l'armistice.

Et la troisième allant du 28 janvier au 7 mars 1871, jour du licenciement du bataillon.

Quelques explications préliminaires sont indispensables pour faire connaître les faits qui se sont passés entre la date de la déclaration de guerre et celle du 1er août; les voici :

I. — Un décret impérial du 17 juillet 1870 appelait sous les armes la garde nationale mobile de Seine-et-Marne, comprenant tous les hommes des classes 1866, 1867, 1868 et 1869, déclarés bons pour le service et non incorporés dans l'armée active.

II. — Comme soldat de la classe 1868, je reçus, vers le 25 juillet, à Guignes, mon pays, où j'étais clerc de notaire, la visite de M. le baron de Coriolis, nommé capitaine de la compagnie du canton de Mormant, qui venait me demander si je voudrais faire partie des cadres de cette compagnie où je pourrais être nommé sergent-major ou fourrier; je lui répondis que j'acceptais la proposition.

III. — Le 28 juillet, tous les gardes mobiles, appelés comme moi à constituer les cadres, reçurent, par la gendarmerie, un ordre de se rendre à Melun, au quartier de cavalerie, le lundi 1er août, à 9 heures du matin.

IV. — A notre arrivée, on nous fit reconnaître nos officiers. A une heure le commandant nous réunit et nous posa quelques questions pour connaître nos aptitudes et, à 4 heures, parut un ordre du commandant (qu'on lira plus loin) portant nomination de sous-officiers et caporaux, dans chacune des 8 compagnies composant le bataillon.

V. — Voici comment était composé, le 1er août, le cadre d'officiers du 3e bataillon :

Chef de bataillon : le commandant Quillet-Saint-Ange.

1re *Compagnie* (canton de Coulommiers) :
    Capitaine : X***.
    Lieutenant : Cotte.
    Sous-lieutenant : Montrémy.

2e *Compagnie* (canton de Rozoy) :
    Capitaine : Barradez, détaché du 15e de ligne.
    Lieutenant : Singer.
    Sous-lieutenant : De Lasteyrie.

3e *Compagnie* (canton de Brie-Comte-Robert) :
    Capitaine : X***.
    Lieutenant : Pradier.
    Sous-lieutenant : Vaury.

4e *Compagnie* (canton du Châtelet-en-Brie) :
    Capitaine : Benoist.
    Lieutenant : Picard.
    Sous-lieutenant : Berton.

5e *Compagnie* (canton de Melun-nord) :
    Capitaine : Solard.
    Lieutenant : de Fraguier.
    Sous-lieutenant : Marx.

6ᵉ Compagnie (canton de Melun-sud) ;
   Capitaine : Bellamy.
   Lieutenant : Costeau.
   Sous-lieutenant : de Mas.

7ᵉ Compagnie (canton de Mormant) :
   Capitaine : de Coriolis.
   Lieutenant : de Bondy.
   Sous-lieutenant : du Charmel.

8ᵉ Compagnie (canton de Tournan) :
   Capitaine : de Lambert.
   Lieutenant : Harveuf.
   Sous-lieutenant : Jullemier.

E. DECANTE.

SOUVENIRS

DE LA CAMPAGNE 1870-1871

Par un Moblot, du Bataillon de Melun

PREMIÈRE PÉRIODE

(Du 1er Août au 11 Septembre 1870)

1er Août

ORDRE DU COMMANDANT. — En exécution de la dépêche de Son Excellence, Monsieur le Ministre de la Guerre en date du 26 juillet 1870, qui délègue les chefs de bataillon de la garde nationale mobile pour nommer aux emplois de sous-officiers, caporaux, tambours et clairons.

Sont nommés dans le 3e bataillon de Seine-et-Marne, les gardes nationaux mobiles dont les noms suivent :

1re Compagnie :

Sergent-major : Lefèvre Pierre.
Sergents : Guéroult, Lefèvre Auguste, Carbonnier.
Sergent-fourrier : Dumoulin.
Caporaux : Gérard, Goblin, Griotteray, Simon, Vilpelle, Naret, Dumoulin.

2e Compagnie :

Sergents : Richard, Duvau.
Sergent-fourrier : Noé.
Caporaux : Flon, Blondelot, Morel, Barré.

3e Compagnie :

Sergent-major : Fontenoy.
Sergents : Grippoix, Sevenet, Nouette-Delorme.
Sergent-fourrier : Henri.
Caporaux : Laroche, Lahaye, Girard, Sylvestre, Leclerc.

4e Compagnie :

Sergent-major : Varennes.
Sergents : Ribert, Varlet.
Sergent-fourrier : Chaillot.
Caporaux : Moreau, Thibault, Couillard, Courpedanne, Varenne.

5e Compagnie :

Sergent-major . Auberger.
Sergents : François, Duchesne.
Sergent-fourrier : Pasquier.
Caporaux : Maubert, Marmion, Froment, Prévost, Philippe.

6e Compagnie :

Sergent-major : Borie.
Sergents : Moisant, Dugué.
Sergent-fourrier : Bastier.
Caporaux : Nasse, Vian.

7e Compagnie :

Sergent-major : Decante.
Sergents : Truinet, Dupont, Levasseur.
Caporaux : Granday, Deschamps, Lecointre, Martin, Tondu, Caille.
Clairon : Beslé.

8e Compagnie :

Sergent-major : Dage.
Sergents : Lucas, Manceau.
Caporaux : Fessard, Beaurepaire, Nicot.
Sergent-fourrier : Latourbe.
Tambour : Commun.

2 Août.

Au Rapport. — A 1 heure, les sous-officiers et caporaux, nommés hier, iront à l'habillement, essayer leurs effets.

« Il n'y a eu, aujourd'hui, que la corvée de l'habil-
« lement. Les sous-officiers ont touché : 1 panta-
« lon bleu-gendarme à bande rouge; une vareuse
« noire à 2 rangs de boutons; un képi. Les caporaux
« n'ont touché que des blouses bleues avec parements
« rouges aux manches et au collet.

« Après dîner, nous avons passé la soirée au café
« en face la caserne, avec d'autres sergents - ma-
« jors ».

3 Août.

Au Rapport. — Théorie dans les chambres à 11 h. ½.
Corvée de literie à une heure; demain, exercice dans la
cour de la caserne à 5 h. ½.

Ordre du Commandant. — Le sergent-major Borie, de
la 6ᵉ compagnie, remplira provisoirement les fonctions
d'adjudant sous-officier.

Le sergent Sévenet, de la 3ᵉ compagnie, est désigné
pour les fonctions de vaguemestre.

« Après la théorie, nous avons dû aller chercher
« les lits en fer et bois avec la garniture, pour or-
« ganiser notre couchage dans le bâtiment qui nous
« a été assigné (bâtiment sis en face l'entrée de la
« caserne).

« Nous avons convenu avec le cantinier du dépôt
« des guides qu'il nous nourrirait (les sergents-ma-
« jors) au prix de 85 centimes par jour en lui aban-
« donnant notre pain et nos vivres. »

4 Août.

Au Rapport. — Théorie dans les chambres à 11 h. ½.
Exercice dans la cour à 3 heures.

« Nous avons passé une mauvaise nuit, rongés par
« les punaises; ce matin, au réveil, le capitaine Ba-
« radez nous a fait descendre nos lits dans la cour et
« on a nettoyé du mieux possible les chalits avec de
« l'eau d'abord et du pétrole ensuite.

5 Août.

Au Rapport. — Théorie dans les chambres à 11 h. ½.
Exercice à 3 heures. Exercice à 6 heures demain matin.

Fournir au commandant, avant l'exercice, un état de proposition de deux sergents. Établir les feuilles de prêt du 1er au 5 août.

Ordre du Commandant. — Sont nommés :

A la 2e Compagnie :

Sergent-major : Noé, sergent-fourrier à la même compagnie.
Sergent-fourrier : Flon, caporal à la même compagnie.
Sergent : Barré, caporal à la même compagnie.
Caporal : Fleury, soldat à la même compagnie.

A la 4e Compagnie :

Sergents : Fournier et Courpedanne, caporaux à la même compagnie.

A la 5e Compagnie :

Sergent : Marmion, caporal à la même compagnie.
Caporal : Jacquet, soldat à la même compagnie.

A la 7e Compagnie :

Sergent-fourrier : Deschamps, caporal à la même compagnie.
M. Pradier, lieutenant à la 3e compagnie, est désigné pour remplir les fonctions d'adjudant-major.

« J'ai établi, aujourd'hui, la première feuille de
« prêt sur les bases suivantes : Sergent-major, 1 fr. 57
« par jour; sergents et sergent-fourrier, 1 fr. 11 par
« jour; caporaux, 0 fr. 80 par jour; soldats, 0 fr. 57
« par jour; clairons, 0 fr. 67 par jour.

« Aujourd'hui, toute la journée, le bruit a couru
« que nous venions d'être battus par les Prussiens
« à Vissembourg. Ce soir, la chose est confirmée.
« Cette bataille aurait eu lieu hier et les nouvelles
« officielles sont rédigées de façon à faire croire
« qu'il n'y a pas eu défaite.

« Il n'en est pas moins vrai que la guerre débute
« mal. »

6 Août.

Au Rapport. — Ce matin, on ira à 10 heures chercher les fusils, les sacs et l'équipement au quartier d'infanterie. Exercice à 2 heures pour les officiers et la troupe.

Ordre du Commandant. — Sont nommés, dans la 8ᵉ compagnie :

Sergent : Charpentier, caporal à la même compagnie.

Caporal : Pannard, soldat à la même compagnie :

« Nous pensions qu'au rapport ou à l'ordre, on
« nous parlerait de l'affaire de Vissembourg, mais
« tout le monde est muet et les officiers eux-mêmes
« ne nous disent rien.

« Nous avons touché ce matin des fusils à taba-
« tière et chacun a reçu un sac, un étui-musette, un
« ceinturon avec cartouchière et porte-baïonnette. »

7 Août.

Au Rapport. — Appel à 11 h. ½. Exercice à 2 heures, avec armes.

« Nous avons fait l'exercice, ce soir, avec les fusils
« touchés hier, nous avons eu vite fait de nous fami-
« liariser avec l'arme, car on nous avait déjà fait
« plusieurs théories avec quelques fusils se trouvant
« au quartier de cavalerie.

« Ce soir, après dîner, des voyageurs, rentrant de
« Paris par le chemin de fer, nous disent qu'on parle
« d'une nouvelle bataille qui aurait eu lieu aujour-
« d'hui à la frontière, mais on n'en connaît pas le
« résultat. »

8 Août.

Au Rapport. — Théorie à 11 heures et demie sur le service de l'intérieur. A 2 heures, exercice auquel devront assister les officiers.

« Aujourd'hui, les journaux parlent de l'affaire
« du 7 août, c'est à Frœschwiller que la bataille a eu
« lieu.

« On dit aussi qu'une autre rencontre a eu lieu à
« Spicheren.

« Dans ces deux affaires, malgré les restrictions
« des journaux, on comprend que nous avons été
« battus ; du reste, les officiers sont soucieux et ne
« disent toujours rien. »

9 Août.

Au Rapport. — Appel à 11 h. ½. Revue d'armes. Théorie sur le montage et le démontage des armes. Exercice à 2 heures.

« Les journaux nous annoncent ce matin que l'ar-
« mée du maréchal Mac-Mahon est en retraite sur
« Châlons.

« Ce soir, on apprend la chute du ministère Emile
« Ollivier qui est remplacé par un ministère Pali-
« kao. »

10 Août.

Au Rapport. — A 11 h. ½, théorie dans les chambres sur le montage et le démontage des armes. Exercice à 2 heures.

Ordre du Commandant. — Hier soir, des sous-officiers et des caporaux du 3ᵉ bataillon sont rentrés à la caserne en chantant et poussant des cris tumultueux ; je rappelle aux sous-officiers et caporaux actuellement présents au bataillon, qu'ils doivent à leurs inférieurs l'exemple du bon ordre et de la bonne tenue et que tout fait de ce genre qui se reproduirait serait puni sévèrement.

Je rappelle à Messieurs les officiers que tous ceux qui ne sont pas dispensés du service par des fonctions spéciales doivent assister aux exercices et ne doivent pas s'en absenter sans une permission de l'officier supérieur.

« La théorie dans les chambres a été faite aujour-
« d'hui par le capitaine Barradez, de la 2ᵉ.

« C'est un vieux et bon soldat qui, ainsi que le ca-
« pitaine Bellamy, de la 6ᵉ, originaire de Courtomer
« et ancien officier de l'active, contribuent à nous
« instruire et surtout à nous conserver le moral. »

11 Août.

Au Rapport. — Service habituel. Pas d'exercice ; on doit recevoir une portion des appelés qu'on équipera et armera aujourd'hui.

« Nous avons reçu, aujourd'hui, à la 7ᵉ compagnie,
« une vingtaine d'hommes qui ont été encadrés de
« suite dans les escouades après avoir été équipés
« et armés. »

12 Août.

Au Rapport. — Service comme à l'ordinaire. Exercice le matin pour les nouveaux arrivés et exercice le soir pour les sous-officiers et caporaux.

« C'est à notre tour aujourd'hui de commencer « l'instruction des nouveaux arrivés que nous ap- « pelons « les recrues ».

« Ce matin nous leur avons démontré les positions « du soldat sans armes. »

13 Août.

Au Rapport. — Service comme à l'ordinaire.

Ordre du Commandant. — Sont nommés :

A la 1re Compagnie :

Caporaux : Oudion et Aureau, soldats à la même compagnie.

A la 2e Compagnie :

Caporaux : Tassier, Frémont, Quillet, Ricez et Bergeon, soldats à la même compagnie.

A la 3e Compagnie :

Caporaux : Mouel, Terrage et Gilquin, soldats à la même compagnie.

A la 4e Compagnie :

Caporaux : Humeau, Lheureux, Champenois et Métrot, soldats à la même compagnie.

A la 5e Compagnie :

Sergent : Philippe, caporal à la même compagnie.
Caporaux : Surriray, Chabrié, Lebègue, Coupé, soldats à la même compagnie.

A la 6e Compagnie :

Caporaux : Mureau, soldat à la même compagnie ; Serpillon et Hockausen, soldats à la même compagnie, et Jorand, garde mobile à la 5e compagnie.
Clairon : Cornillon, soldat à la 6e compagnie.

A la 7e Compagnie :

Sergent : Granday, caporal à la même compagnie.
Caporaux : Durand-Théodore et Gérard, soldats à la même compagnie.

A la 8ᵉ Compagnie :

Sergent : Fessard, caporal à la même compagnie.
Caporaux : Faye, Pélissier et Sarrazin, soldats à la
même compagnie.

M. Picard, lieutenant à la 4ᵉ compagnie est désigné
pour remplir les fonctions d'officier de casernement.

M. Harveuf, lieutenant à la 8ᵉ compagnie, est désigné
pour remplir les fonctions d'officier de détail sous la
direction de M. le capitaine Baradez.

Demain dimanche, Messieurs les Officiers de section,
passeront, à 9 heures, la revue de l'armement de leur
section.

Le commandant a décidé que les tambours seraient
supprimés à partir d'aujourd'hui, et que le bataillon
n'aurait que 2 clairons en pied par compagnie.

ORDRE DU MAJOR DE LA PLACE. — On se plaint dans
le quartier Saint-Ambroise que le bruit du tambour em-
pêche les habitants de dormir.

Pour empêcher cet abus, le major de là garnison a
l'honneur de prier M. le commandant du bataillon de
la garde mobile de faire faire des patrouilles de nuit;
de son côté la gendarmerie veillera à ce que le sommeil
des habitants ne soit pas troublé.

L'adjudant de place donnera avis semblable au com-
missaire de police.

14 Août.

AU RAPPORT. — Service comme à l'ordinaire. Corvée
de propreté. Revue d'armes dans les chambres.

ORDRE DU COMMANDANT. — Est nommé sergent dans
la 5ᵉ compagnie, le nommé Surriray, caporal à la même
compagnie, en remplacement du sergent Duchesne, qui
a changé de corps.

    « Nous nous attendions aujourd'hui à ce qu'on
   « annoncerait une revue pour demain à l'occasion
   « du 15 Août, mais comme on n'en parle pas, je
   « suppose qu'on veut éviter des manifestations qui
   « se produiraient sûrement, car on ne se gêne pas
   « en ville pour crier contre l'Empereur. »

15 Août.

Au Rapport. — Les punitions seront levées à 9 heures. Pas d'appel à 11 heures. Les permissionnaires devront être rentrés à 9 heures du soir.

« C'est aujourd'hui la fête de l'Empereur; elle
« ne se signale au bataillon que par la levée des
« punitions et la suppression des appels et exercices.

« En ville, pas d'animation, tout le monde est
« plutôt soucieux, d'autant plus que depuis près de
« 8 jours on est sans nouvelles du théâtre de la
« guerre, et j'ai bien peur que, dans le cas présent,
« on ne puisse pas dire comme le proverbe : « Pas
« de nouvelles, bonnes nouvelles ».

« Je suis sûr qu'il n'y a pas 20 drapeaux dans
« la ville. »

16 Août.

Au Rapport. — Exécution du service journalier. Les capitaines devront faire la distribution des livrets dans leur compagnie, et y faire inscrire l'armement.

Ordre du Commandant. — Le garde mobile Josseau, de la 2ᵉ compagnie, passe à la 1ʳᵉ compagnie.

Est nommé caporal à la 4ᵉ compagnie, Nicolau-Baraqué, soldat à la même compagnie.

« Mauvaise journée. On dit que depuis hier, l'ar-
« mée du Rhin est aux prises avec les Allemands,
« et que les résultats sont indécis.

« Je ne me trompais pas hier en disant que le fa-
« meux proverbe pourrait bien avoir tort.

« Pourtant le moral, dans le bataillon, est tou-
« jours bon, et nous espérons bien que tout n'est
« pas encore perdu.

« Il est arrivé, dans la soirée, encore quelques
« hommes au bataillon. »

17 Août.

Au Rapport. — On prendra les numéros matricules des hommes qui sont arrivés hier sans feuilles, afin de leur en faire établir. Faire la distribution des livrets aux hommes présents et la distribution des armes aux hommes qui n'en ont pas.

« Les résultats de la bataille de Borny, Grave-
« lotte et Rezonville sont connus; hélas ils sont
« mauvais! Nous avons encore été battus.

« Ici, au bataillon, nous nous demandons ce que
« peut nous réserver l'avenir, si nos meilleures
« troupes ne peuvent pas repousser l'ennemi.

« Pour la première fois, à l'exercice, M. de Corio-
« lis, notre capitaine, ancien officier de cavalerie,
« nous a parlé de la situation; il nous dit de ne pas
« désespérer, et au contraire de travailler pour, le
« moment venu, être en mesure de faire face à l'en-
« nemi avec chance de succès. »

18 Août.

Au Rapport. — Exécution du service journalier.

Ordre du Commandant. — Sont nommés :

A la 4ᵉ Compagnie :

Sergent : Chaillot, sergent-fourrier à la même compagnie.
Sergent-fourrier : Nicolau-Baraqué, caporal à la même
compagnie.

A la 1ʳᵉ Compagnie :

Caporal : Josseau, soldat à la même compagnie.

« Aujourd'hui, à midi, mes écritures étant au cou-
« rant, j'ai obtenu du capitaine de Coriolis, la per-
« mission de l'après-midi, et je suis parti à pied
« pour Guignes (16 kilomètres), voir mes bons pa-
« rents. J'ai trouvé tout le monde navré des nou-
« velles de la guerre, et suis rentré le soir, à 9
« heures, par la voiture publique, à moitié démora-
« lisé.

« Je suis arrivé juste pour apprendre encore une
« défaite subie par nos troupes à Saint-Privat. »

19 Août.

Au Rapport. — Exécution du service journalier,

« Aujourd'hui, tout le monde dans la caserne (of-
« ficiers, sous-officiers et soldats) parle de la situa-

« tion qui va nous être faite par les succès des Al-
« lemands. Les officiers s'ingénient à nous remonter,
« et ils y arrivent tout de même, attendu qu'à 20
« ans on ne prend pas les choses trop au tragique.

« J'ai passé toute la soirée chez le capitaine Bel-
« lamy, de la 6ᵉ, qui est notre compatriote, puisqu'il
« est de Courtomer, et j'ai pris auprès de lui, une
« excellente leçon de comptabilité. »

20 Août.

Au Rapport. — Le quartier est consigné jusqu'à 11
heures. Nettoyage des armes; la graisse nécessaire sera
prise sur les ordinaires. Les permissionnaires ne devront
partir qu'après avoir fait inspecter leurs armes par leur
sergent de section.

Demain, revue d'armes dans les chambres.

Tous les sergents-majors iront de suite chez leur capitaine, faire un état numérique des sous-officiers, caporaux et soldats présents dans chaque compagnie, et remettront ces états à l'adjudant.

Les commandants de compagnie devront s'informer
des hommes qui ont rigoureusement besoin de chemises
et de souliers, et qui ne peuvent s'en procurer.

Ordre du Commandant. — Sont nommés :

A la 1ʳᵉ Compagnie :

Sergent : Josseau, caporal à la même compagnie.

A la 2ᵉ Compagnie :

Sergent : Tassier, caporal à la même compagnie.

A la 3ᵉ Compagnie :

Sergent : Monel, caporal à la même compagnie.

A la 6ᵉ Compagnie :

Sergent : Maréchaux, caporal à la même compagnie.
Caporal : Dallée, soldat à la même compagnie.

« Ce soir, à dîner, l'adjudant nous dit qu'il a en-
« tendu les officiers s'entretenir entr'eux du départ
« prochain de notre bataillon pour Montereau-fault-
« Yonne, afin de garder la gare. »

21 Août.

Au Rapport. — Fournir un état des hommes qui auraient fait une réclamation comme soutiens de famille, et les prévenir de ne pas quitter la caserne demain.

Le bataillon de Melun devant fournir pour la surveillance de la gare de Montereau, 2 compagnies provisoires de 100 hommes chacune, les commandants de compagnie sont invités à fournir au chef de bataillon, aussitôt après l'appel de onze heures et demie, la liste des hommes appelés à faire partie de ces compagnies, qui partiront demain matin, par le chemin de fer.

Chaque compagnie désignera : 1 sergent, 2 caporaux et 25 hommes de troupe.

Le commandant désignera les deux capitaines chargés du commandement de ces deux compagnies, et ces capitaines choisiront, eux-mêmes, leur sergent-major dans le bataillon.

« Le capitaine de la 7ᵉ ayant été désigné pour
« commander la 2ᵉ compagnie provisoire, m'a choisi
« pour en être le sergent-major.

« Dans ces conditions, pendant notre absence, le
« commandement de la 7ᵉ compagnie sera exercé par
« le lieutenant de Bondy, et la comptabilité et les
« écritures seront faites par le fourrier Deschamps. »

Ici, une digression pour résumer en quelques lignes la campagne de Montereau, après quoi, je reprendrai la copie des rapports et ordres à partir du 22 août.

Le détachement provisoire commandé par le capitaine de Coriolis, est parti de Melun, le 22 août, à 6 heures du matin, et est arrivé à Montereau à 10 heures.

Là, nous nous sommes trouvés avec un détachement de deux compagnies du bataillon des mobiles de Provins, arrivé aussi du matin, et une compagnie de chasseurs à pied, commandée par un capitaine qui a pris le commandement de toutes les troupes détachées à Montereau.

Le service a été immédiatement organisé et consistait à échelonner, jour et nuit, des factionnairés sur les voies, et près des ponts avoisinant la gare.

En dehors du service, nous allions tous les jours, matin et soir, faire l'exercice dans la plaine, avec les chasseurs à pied et c'est là que nous avons fait, pour la première fois, l'école de bataillon.

Sauf les officiers et les sous-officiers de la mobile, qui étaient en uniforme, la troupe n'avait que des blouses avec les armes, le sac et l'équipement; malgré cela le capitaine des chasseurs à pied nous a félicité plusieurs fois sur notre allure et notre bonne tenue.

Le 28 août, nous avons été passés en revue par le général Poincte de Gévigny.

Le 29 août j'ai eu la visite de ma famille, ainsi que des parents de Beslé, notre clairon; nous avons fait un déjeuner sur l'herbe, au plateau de Surville, et n'avons quitté nos parents que le soir et à regret.

Nous avons quitté Montereau le 2 septembre, pour rentrer à Melun, et apprendre le lendemain, la malheureuse capitulation de Sedan.

Je termine ma digression et reprends la suite des rapports et ordres.

22 Août.

Au Rapport. — Pas de théorie ce matin. Théorie à midi pour les sous-officiers. Théorie à 1 heure et à 4 heures pour Messieurs les Officiers; à 2 heures, exercice pour la troupe.

Ordre du Commandant. — Le quartier sera consigné à onze heures et demie. On changera les draps des lits, et le temps qu'on devait employer à l'exercice sera occupé par l'installation des recrues.

Le général commandant la 4° subdivision a chargé le chef de bataillon de témoigner aux officiers, sous-officiers et gardes nationaux mobiles, sa vive satisfaction pour les progrès accomplis, dans toutes les branches du service.

Le chef de bataillon espère que ce bienveillant témoignage sera un encouragement pour les gardes nationaux de tous grades à persévérer dans le bon esprit qui les anime, et à redoubler de zèle et de bonne volonté afin d'arriver promptement au degré d'instruction nécessaire pour qu'ils puissent rendre à leur pays des services sérieux.

23 Août.

AU RAPPORT. — Théorie à midi pour les sous-officiers; à 4 heures pour les officiers. Exercice à 2 heures.

Le sergent Moisant, nommé sous-lieutenant au premier bataillon de Seine-et-Marne, a cessé d'appartenir au 3° bataillon à partir du 16 août.

24 Août.

AU RAPPORT. — Grande corvée de fournitures aux recrues. Exercice comme à l'ordinaire. Pas de théorie.

25 Août.

AU RAPPORT. — Les sergents-majors préviendront les commandants de compagnie de fournir l'état de proposition pour les emplois vacants; service comme d'habitude. Théorie pratique à 9 heures et de une heure à 2 heures; pour les sous-officiers de midi à une heure.

ORDRE DU COMMANDANT. — Sont nommés aux emplois suivants :

A la 1re Compagnie :

Sergent-fourrier : Lefèvre Auguste, sergent à la même compagnie, en remplacement de Dumoulin, réformé.

Sergent : Gérard Jules, caporal, en remplacement de Lefèvre, passé sergent-fourrier.

Caporaux : 1° Guéret, garde mobile à la même compagnie, en remplacement de Gérard, nommé sergent; 2° Choisot, soldat à la même compagnie, en remplacement de Vilpelle, renvoyé dans ses foyers.

A la 2° Compagnie :

Caporaux : 1° Moricet, en remplacement de Michel, renvoyé dans ses foyers; 2° Bordelet, soldat à la même compagnie.

A la 3e Compagnie :

Sergent-fourrier : Monel, sergent à la même compagnie,
en remplacement de Henri, renvoyé dans ses foyers.

Sergent : Sylvestre, caporal à la même compagnie, en
remplacement de Monel, passé sergent-fourrier.

Caporaux : 1° Chalmandrier, soldat à la même compagnie, en remplacement de Sylvestre, nommé sergent.
2° Duchatel, soldat à la même compagnie.

A la 4e Compagnie :

Caporal : Cailloux, soldat à la même compagnie.

A la 5e Compagnie :

Caporaux : Bendel, soldat à la même compagnie, en remplacement de Jacquet, renvoyé dans ses foyers; 2°
Lorchat, soldat à la même compagnie, en remplacement de Froment, renvoyé dans ses foyers; 3° Et
Camel, soldat à la même compagnie.

A la 6e Compagnie :

Sergent : Nasse, caporal à la même compagnie, en remplacement de M. Moisant, nommé sous-lieutenant au
1er bataillon.

Caporaux : 1° Biez, soldat à la même compagnie, en remplacement de Nasse, nommé sergent; 2° Touchet, soldat à la même compagnie.

Est nommé à l'emploi d'adjudant sous-officier dans le
3e bataillon de Seine-et-Marne, Surriray, sergent à la
3e compagnie du même bataillon.

La remise de galons du caporal Lahaye, de la 3e compagnie, ayant été acceptée par le général commandant
la 4e subdivision, le caporal Lahaye est remis simple
garde mobile.

26 Août.

Au Rapport. — Exécution du service journalier.

27 Août.

Au Rapport. — Le quartier est consigné. Pas d'exercices, excepté pour les sous-officiers et caporaux à 4 heures. La commission chargée de statuer sur les cas de ré-
forme, se réunira dans la salle du rapport à 3 heures.

Prévenir M. Picard, officier de casernement, de se
rendre au quartier à 11 heures, pour un changement de
casernement.

28 Août.

AU RAPPORT. — Le quartier est consigné. Distribution d'effets après la soupe. Appel à 11 h. ½.

29 Août.

AU RAPPORT. — Le quartier est consigné après l'appel de 11 heures. Distribution des armes. Exercice à 2 h.

ORDRE DU COMMANDANT. — Est nommé dans la 3ᵉ compagnie au grade de sergent : Royer, caporal à la même compagnie.

Dans la 5ᵉ compagnie : au grade de sergent, Lebrun, caporal à la même compagnie.

ORDRE DU GÉNÉRAL. — Le général commandant le département de Seine-et-Marne, communique les dépêches suivantes, aux officiers et soldats de la garde mobile :

Première Dépêche.

Verdun, 25 août 1870. — Hier, 24 août, à 9 heures du matin, Verdun a été de nouveau attaqué par un corps prussien de 8 à 10.000 hommes, commandé par le prince de Saxe; 4.000 environ ont été engagés (infanterie et artillerie), après un combat très vif de 3 heures, pendant lequel plus de 300 obus ont été lancés contre la ville. les Prussiens, fort maltraités par notre artillerie, ont été repoussés sur toute la ligne, leurs pertes sont considérables; nos pièces servies en partie par la garde nationale sédentaire, ont fait de grands ravages.

Nous avons eu 17 hommes tués ou blessés.

L'ennemi a tiré sur l'ambulance de l'évêché qui a reçu 19 projectiles, et a tué 2 personnes de service et blessé une troisième.

La population a été admirable de patriotisme et de mâle énergie.

Deuxième Dépêche.

Un détachement de uhlans s'est présenté hier à Epernay, et a attaqué la gare où se trouvaient, en ce moment, 10 soldats du génie; un autre a pénétré dans la ville, la garde nationale a aussitôt pris les armes, et est venue en aide aux soldat du génie; les Prussiens ont été repoussés, après avoir perdu 15 hommes, dont un officier.

Troisième Dépêche.

Une sortie heureuse a été faite par la garnison de Strasbourg, qui a enlevé à l'ennemi un convoi de bétail et de munitions; la résistance est très vigoureuse, les habitants, organisés en garde nationale, sont remplis d'ardeur et prennent part à toutes les sorties.

Quatrième Dépêche.

Le mouvement des troupes prussiennes sur l'Aube, semble arrêté, elles se replient vers Saint-Dizier.

Les dépêches qui précèdent seront communiquées aux officiers et à la troupe, à l'appel.

« Je n'ai connu cet ordre qu'à mon retour à Melun,
« le 2 septembre, et je constate en passant que c'est
« la seule nouvelle du théâtre de la guerre qui ait
« été communiquée à l'ordre jusqu'à ce jour, aussi
« j'estime que les maigres succès qu'il nous annonce
« ne compensent pas les revers subis jusqu'à pré-
« sent. »

30 Août.

Au Rapport. — Exercices comme à l'ordinaire. Appel à 11 h. ½. Ensuite théorie sur le montage et le démontage des armes.

31 Août.

Au Rapport. — Exécution du tableau de service journalier. A 11 h. ½, théorie sur le montage et démontage des armes. Distribution des livrets. A partir de ce soir, à la fin des exercices, les compagnies (la droite au manège) défileront, clairons en tête, et rentreront en ordre.

1ᵉʳ Septembre.

Au Rapport. — Exécution du tableau de service journalier. De 1 heure à 2 heures, théorie sur le service des places, pour les sous-officiers qui seront en armes.

2 Septembre.

Au Rapport. — Exécution du tableau de service journalier. Pas de théorie.

« Rentré ce soir de Montereau, je reprends mon
« service à la 7ᵉ compagnie, et la 2ᵉ compagnie pro-

« visoire du détachement de Montereau, ainsi que
« la première, sont disloquées.

« La 7e compagnie compte aujourd'hui un effec-
« tif de 137 hommes, par suite de l'arrivée au corps,
« d'un grand nombre d'hommes, le 22 août, et de
« ce que 18 hommes de la 2e compagnie (Rozoy) ont
« été versés à la 7e, le 28 août.

« Pour fêter notre retour de Montereau, les sous-
« officiers du bataillon ont offert un punch, après
« dîner, au café en face la caserne, aux sous-offi-
« ciers qui faisaient partie du détachement. »

3 Septembre.

Au Rapport. — Le quartier sera consigné de 11 h. ½
à 5 heures, pour le nettoyage des armes. Pas d'exercices.
Les officiers de section veilleront à ce que le nettoyage
se fasse convenablement. Théorie pratique pour Messieurs
les officiers, de 9 heures à 10 heures. Théorie pour les
sous-officiers et caporaux en armes, de midi à une heure,
dans la cour. Les sergents-majors préviendront leurs commandants de compagnie de fournir un état de propositions
pour les emplois vacants de leur compagnie respective.

Ordre du Commandant. — Sont nommés dans la 5e compagnie :

Au grade de sergent : Bendel, caporal à la même compagnie, en remplacement de Philippe, renvoyé dans
ses foyers.

Au grade de caporal : Besnié, soldat en remplacement
de Bendel, passé sergent.

A l'emploi de clairon : Catillon, soldat à la même compagnie.

Demain dimanche, inspection dans les chambres par
les commandants de compagnie à 8 heures du matin.

Les commandants de compagnie désigneront dans leur
compagnie les hommes dont l'instruction militaire n'est
pas assez avancée pour passer à l'école de peloton; ces
hommes seront réunis en une ou plusieurs classes, suivant leur nombre et continueront l'école du soldat, les
capitaines en feront connaître le nombre au chef de bataillon qui attachera à leur instruction le nombre d'instructeurs nécessaires, le reste du bataillon passera à
l'école de peloton. Pour l'exercice de lundi matin, le ba-

taillon sera formé en bataille avant l'exercice, par ordre de compagnie; il sera divisé en pelotons de 24 files au moins et de 32 au plus.

Les lieutenants et sous-lieutenants rempliront les fonctions d'instructeurs, sous la direction des capitaines de leur compagnie, qui devront même les suppléer, en cas d'insuffisance du nombre de lieutenants et sous-lieutenants.

Les sergents-majors rempliront les fonctions de chef de peloton; celles de chef de section seront remplies par des sous-officiers désignés à tour de rôle; on complètera au moyen de caporaux le nombre de serre-file que doit avoir un peloton formé en bataille. On exécutera toute la première leçon de l'école de peloton en suivant le programme indiqué par les règlements.

« Tout l'après-midi, aujourd'hui, les officiers n'ont
« pas quitté le quartier, on les voyait tous, énervés,
« tenir des conciliabules dans la cour.

« On a beau ne rien nous dire, il nous vient du
« dehors le bruit que l'armée de Mac-Mahon qui,
« au lieu de continuer sa retraite sur Châlons s'est
« dirigée sur les Ardennes, est aux prises avec les
« Allemands depuis le 30 août et que ça ne va pas
« bien pour nous.

« En effet, le soir, le quartier a été déconsigné et
« on nous dit en ville que l'Empereur serait prison-
« nier avec toute l'armée et aurait capitulé à Se-
« dan. »

4 Septembre.

Au Rapport. — Le quartier est consigné jusqu'à nouvel ordre. Appel à 11 h. ¼. Aucune permission ne sera accordée.

Ordre du Commandant. — Sont nommés :

A la 6ᵉ Compagnie :

A l'emploi de clairon : Girard, soldat à la même compagnie.

Au grade de sergent : Dallé, caporal à la même compagnie, en remplacement de Nasse, dispensé de service comme attaché au trésorier.

Au grade de caporal : Lhomond, soldat à la même compagnie, en remplacement de Dallée, nommé sergent.

Dans la 8ᵉ Compagnie :

Au grade de caporaux ; Dubois, Darche, Poulain et Martin Auguste, soldats à la même compagnie.

Des plaintes ont été faites à la Place par le maire de Vaux-le-Pénil contre des gardes mobiles du 3ᵉ bataillon qui ont parcouru les vignes de cette commune en dérobant des fruits ; un procès-verbal a été dressé contre eux. Le commandant rappelle les gardes mobiles au respect de la propriété privée qu'ils sont chargés de protéger et espère que cet avertissement suffira, pour empêcher le renouvellement de faits semblables, qui sont de nature à porter atteinte à la bonne réputation que le bataillon a su conquérir, par sa discipline et sa subordination ; si ces faits se représentaient, les auteurs en seraient punis avec la dernière sévérité.

« Nous avons eu, aujourd'hui, la confirmation des « bruits d'hier. L'Empereur est prisonnier des Alle- « mands ainsi que l'armée de Mac-Mahon.

« Malgré que le quartier soit consigné, nous avons « eu des journaux et, à leur lecture, on pouvait pré- « dire que la journée serait décisive à Paris.

« En effet, le soir, les voyageurs, revenant de Pa- « ris, ont annoncé le renversement de l'Empire et la « proclamation de la République. »

5 Septembre.

Au Rapport. — Exécution du tableau de service journalier. Théorie pratique pour les sous-officiers, de midi à une heure. Théorie orale de une heure à deux heures, pour les officiers. Ce soir, à l'exercice, on continuera pour les recrues, la première partie de l'école du soldat et on commencera la seconde.

« J'ai observé, toute la journée, et j'ai pu me con- « vaincre que les évènements d'hier, à Paris, étaient « acceptés, presque par tous, avec soulagement, « même par les officiers. On espère que le gouverne- « ment de la défense nationale, nommé hier, mon- « trera plus d'énergie, plus de patriotisme et de « qualités d'organisation que le gouvernement qui « vient de sombrer dans un désastre. »

6 Septembre.

Au Rapport. — Exécution du tableau de service journalier. Théorie pratique de 1 heure à 2 heures pour les sous-officiers et caporaux. Théorie orale à la même heure pour les officiers.

Ordre du Commandant. — Est nommé :

Dans la 3e Compagnie :

Aux fonctions de sergent-rourrier : Royer, sergent à la même compagnie, en remplacement de Monel, nommé sergent à ladite compagnie.

« Pas plus dans les rapports d'hier et d'aujour-
« d'hui, que dans l'ordre du commandant du 6, on
« ne parle des évènements des 2 et 4 septembre.
« C'est un peu raide tout de même que, parce que
« nous sommes soldats, nous ne devions connaître
« les faits historiques intéressant le pays qu'en de-
« hors de la caserne.

« Par suite des nombreuses écritures qui m'incom-
« bent, j'ai dû m'attacher comme secrétaire, le garde
« mobile Léon Roubault, de notre compagnie, ori-
« ginaire de La Chapelle-Gauthier. »

7 Septembre.

Au Rapport. — A partir de demain, réveil à 5 h. ½. Exercice de 6 h. ½ à 8 h. ¼. Théorie pratique pour les sous-officiers de 1 heure à 2 heures et théorie orale pour les officiers, à la même heure.

Ordre du Commandant. — Sont nommés :

Dans la 7e Compagnie :

Au grade de caporal : Grelet et Charbonnier, soldats à la même compagnie.

« Depuis quelques jours, les exercices de l'après-
« midi ont lieu au Pré-Chamblain et le bataillon y
« va clairons sonnant, en tête.

« On sent que l'instruction militaire que nous re-
« cevons commence à porter ses fruits ; les hommes
« ont de l'allure et sont pleins de bonne volonté ;
« tout le monde est pénétré de l'idée que le moment
« approche où de grands efforts devront être faits
« pour la défense du pays. »

8 Septembre.

Au Rapport. — Exécution du tableau de service journalier. Théories comme hier.

Ordre du Lieutenant-Colonel. — En exécution des ordres du ministre et de la subdivision des 1er et 4 septembre, je prends aujourd'hui le commandement du 38e régiment provisoire d'infanterie de la garde nationale mobile.

Je fais appel au zèle et au patriotisme de Messieurs les commandants de bataillon, pour me seconder dans l'accomplissement de la mission qui m'est confiée.

De leur côté, Messieurs les commandants de bataillon, officiers, sous-officiers et gardes mobiles peuvent compter sur la sollicitude que j'apporterai à tout ce qui pourra intéresser chacun.

Chaque commandant de bataillon constituera immédiatement son bataillon, conformément à l'ordre de la subdivision du 1er septembre.

Chaque bataillon doit avoir 1.200 hommes, au plus et une compagnie de dépôt dont l'effectif variera en raison de celui du bataillon; cette compagnie devra être commandée par un officier ayant appartenu à l'armée.

Elle comprendra les hommes qui, par leurs fonctions, attributions ou autres motifs, ne seraient pas jugés aptes à faire immédiatement le service de marche.

Cette compagnie doit être formée la première, lors même qu'il en résulterait un effectif de moins de 1.200 hommes dans chaque bataillon.

L'excédent de chaque bataillon et les non-valeurs seront répartis par moi, également dans chaque bataillon.

Chaque chef de bataillon proposera pour fonctionnaire adjudant-major, un lieutenant de l'une des compagnies du bataillon, un officier payeur et un officier de détail, pris également dans le bataillon.

Ces trois officiers ne cesseront pas de compter dans leur compagnie.

Chaque chef de bataillon reste chargé et responsable de l'administration de son bataillon.

Le conseil d'administration tel qu'il est constitué, continuera de fonctionner au dépôt.

Il sera en outre formé un conseil éventuel d'administration qui ne fonctionnera que lorsque le régiment sera détaché de son dépôt.

Les hommes détachés devront être considérés comme présents pour le travail à établir.

Le départ du régiment devant avoir lieu très prochainement, j'invite Messieurs les commandants de bataillon à m'adresser le plus tôt possible les propositions demandées.

A Melun, le 5 Septembre,

Le lieutenant-colonel : FRANCESCHETTI.

ORDRE DU COMMANDANT. — Est nommé :

Dans la 3e Compagnie :

Au grade de caporal : Choisier, soldat à la même compagnie.

2° ORDRE DU COMMANDANT, 8 *septembre, 5 heures du soir.* — Des cris tumultueux se sont fait entendre dans les rangs du 3e bataillon, à l'exercice de ce soir. Ce désordre, qui est le premier qui se présente dans le bataillon, sera aussi le dernier, le commandant étant décidé à faire un exemple sévère des instigateurs de ces actes, aussi contraires à l'honneur du bataillon qu'à sa discipline. Ces cris sont d'autant plus inopportuns, que l'autorité s'occupe avec le plus grand soin et la plus grande activité de compléter l'équipement et l'instruction du bataillon et de le diriger, lorsqu'il sera en état de le faire, sur les points où ses services seront le plus utiles à la patrie.

La distribution des gamelles à la soupe de 9 heures a donné lieu à des irrégularités qui doivent cesser immédiatement ; à cet effet, la présence d'étrangers au moment de la soupe et pendant l'heure qui suivra, est absolument interdite dans le quartier. De plus, chaque compagnie fournira un caporal de planton, qui prendra son service un quart d'heure avant la distribution.

Ces caporaux seront responsables de toutes les réclamations qui pourraient être faites à ce sujet.

Le sergent de planton à la porte du quartier doit aussi veiller, avec le plus grand soin, à ce que la soupe soit envoyée très exactement aux hommes de garde et aux plantons qui ne reçoivent pas leur prêt-franc.

« Ce soir, à l'exercice, pendant une pause, dans
« plusieurs compagnies, des hommes ont jeté divers
« cris en demandant des souliers; cela n'a duré qu'un
« instant, les officiers ayant réussi à ramener le
« calme.

« Plusieurs hommes, en effet, n'ont que les souliers
« qu'ils ont apportés de chez eux, et comme on parle
« de partir ces jours-ci, ils réclament (d'une ma-
« nière un peu contraire à la discipline). »

9 Septembre.

AU RAPPORT. — Exécution du tableau de service journalier. Théorie orale pour les officiers de 1 heure à 2 heures, et théorie pour les sous-officiers sur le pointage et le service des places. Si le temps le permet, à 2 heures, école de bataillon, on fera les feux. Si le temps ne le permet pas, théorie dans les chambres sur le pointage et le service des places pour la troupe.

« Tantôt on est allé faire l'exercice (école de ba-
« taillon) dans la plaine longeant la route de Nan-
« gis; on a traversé tout Melun au son de nos clai-
« rons, et la population a crié plusieurs fois : Vivent
« les Moblots! sur notre passage.

« Notre lieutenant-colonel a fait une apparition
« sur le champ d'exercice, mais je n'ai pas pu le
« voir de près.

« Dans la soirée un régiment de dragons composé
« en grande partie d'hommes rappelés, est arrivé à
« Melun pour y cantonner; suivant l'usage, les sous-
« officiers de notre bataillon ont offert, après dîner,
« un punch à leurs camarades, sous-officiers des dra-
« gons, tandis que les officiers de notre bataillon
« recevaient ceux des dragons.

« Ce régiment fait le service de reconnaissance,
« et doit se diriger demain du côté de Provins d'où
« on a signalé la présence de uhlans dans la région. »

10 Septembre.

AU RAPPORT. — Exécution du tableau de service journalier. Quartier consigné. Aucune permission ne sera accordée pour demain dimanche.

Ordre du Général, *Commandant la 4ᵉ Subdivision.* — Le 38ᵉ régiment provisoire d'infanterie de la garde nationale mobile est composé des 1ᵉʳ, 3ᵉ et 4ᵉ bataillons du département de Seine-et-Marne.

Ces bataillons prendront l'ordre de bataille et les désignations ci-après :

Le 1ᵉʳ bataillon qui est à Fontainebleau, conserve le n° 1 ;

Le 3ᵉ qui est à Melun, prendra le n° 2 ;

Et le 4ᵉ qui est à Nangis, prendra le n° 3.

Chaque bataillon qui a dû former sa compagnie de dépôt, dirigera immédiatement et par les voies ferrées les plus rapides, ces compagnies constituées, comme il est prescrit, sur Melun, lieu de résidence du colonel.

Le lieutenant-colonel désignera la 8ᵉ compagnie de chaque bataillon pour faire partie du dépôt.

Cette compagnie sera de suite dirigée sur Melun.

Chaque commandant de compagnie fournira au capitaine-major un état des hommes qu'on aura passés à la 8ᵉ compagnie.

La 8ᵉ compagnie indiquera à son tour et fournira un état semblable des hommes qu'elle aura versés à d'autres compagnies.

« Il est à peu près certain qu'on partira demain, « sans doute pour Paris.

« Malgré le refus du commandant, d'accorder des « permissions, j'ai tellement le désir de revoir ma « famille (peut-être pour la dernière fois) avant « de partir, que j'ai supplié mon capitaine de m'au- « toriser à aller à Guignes ce soir, lui promettant « d'être rentré pour l'heure du rapport demain ; le « capitaine, qui a toujours été très bon pour moi, « m'a accordé cette autorisation, me promettant « même de m'envoyer chercher s'il arrivait un ordre « dans la nuit.

« J'ai pris la voiture publique à 4 heures et demie, « et j'étais à Guignes à 6 heures, bien heureux, « ainsi que les miens, comme on peut le penser. »

DEUXIÈME PÉRIODE

(Du 11 Septembre 1870 au 28 Janvier 1871)

11 Septembre.

Rien au Rapport.

Ordre du Colonel. — Le 3ᵉ bataillon de garde mobile partira aujourd'hui de Melun, pour se rendre à Brie-Comte-Robert, où les hommes seront logés chez l'habitant.

« Ce matin, à 6 heures, comme je prenais mes dispositions pour rentrer à Melun, le domestique du capitaine est arrivé avec une voiture, venant me chercher, attendu que le bataillon quittait Melun aujourd'hui, je n'ai eu que le temps de faire mes adieux à ma famille que j'ai laissée en larmes, et suis rentré à Melun à 8 heures, sans que le commandant ait pu connaître mon absence.

« Mes adieux à ma famille m'avaient rendu bien triste, néanmoins j'avais pu satisfaire mon envie de la voir avant de partir, et cela m'a valu une provision de courage pour l'avenir.

« Aussitôt rentré, après avoir pris connaissance de l'ordre de départ, je me suis préparé comme tout le monde, et, à 10 heures, on a été prévenu qu'on partait à une heure, par le chemin de fer.

« En effet, nous sommes partis vers une heure et demie, et sommes descendus à la gare de Combs-la-Ville une heure après, nous avons fait la route de Combs-la-Ville à Brie à pied.

« A Brie, on nous a distribué des billets de logement en nous prévenant que le lendemain matin, à 6 heures, le bataillon se réunirait avec armes et bagages, sur la route de Combs-la-Ville, à la sortie de Brie.

« Ce jour-là, étant très fatigué, je n'ai pas dîné et suis allé me coucher de bonne heure et, ma foi, dans un bon lit, après avoir mis mon journal au courant. »

12 Septembre.

Rien au rapport ni à l'ordre.

« Nous avons quitté Brie à 6 heures pour revenir
« cantonner dans les dépendances de la gare de
« Combs-la-Ville.

« Dans la soirée un meunier étant venu se plain-
« dre à notre capitaine que plusieurs volailles lui
« avaient été volées par des hommes de notre com-
« pagnie ; le capitaine l'a indemnisé et lui en a ache-
« té 15 de sa poche, pour améliorer l'ordinaire de la
« compagnie.

« Nous avons couché dans les wagons, sur de la
« paille réquisitionnée. »

13 Septembre.

RIEN AU RAPPORT.

ORDRE DU COMMANDANT. — M. le lieutenant Harveut,
de la 8e compagnie, est versé dans la 1e compagnie, en
remplacement de M. le lieutenant Picard, qui passe à
la 8e.

ORDRE DU RÉGIMENT. — Le sergent-fourrier R..., de
la ... compagnie, s'étant rendu coupable d'un acte d'in-
discipline des plus graves, est suspendu de ses fonctions,
et est remis provisoirement simple garde mobile, jusqu'a
ce que le général commandant la subdivision ait statué
sur son sort.

Il sera suppléé par le caporal C..., de la même compagnie.

M. le capitaine Bellamy, de la 6e compagnie ; M. le
lieutenant de Bondy, de la 7e, et M. le sous-lieutenant
Vaury, de la 3e, feront une enquête sur la conduite du
sergent-fourrier R..., dans la soirée du 12 septembre, et
il me sera adressé un rapport sur le résultat de cette
enquête.

« Après déjeuner, aujourd'hui, nous avons pris
« le chemin de fer pour Paris ; nous sommes des-
« cendus à la gare de la Ceinture, et avons traversé
« une partie de Paris pour aller à l'Esplanade des
« Invalides, où on nous a distribué à tous des bil-
« lets de logement pour tout le quartier, entre l'Es-
« planade et le Champ de Mars.

« Nous avons été accueillis très bien. Pour mon
« compte, j'étais logé à l'hôtel de M. le comte de
« Gontaut-Biron, 2, boulevard Latour-Maubourg,
« avec Deschamps, fourrier; Dupont et Granday.

« Dès notre arrivée on nous a prévenu que, tant
« que nous resterions dans l'hôtel, nous toucherions
« tous les matins 1 fr. 50 chez le concierge, et qu'on
« serait à notre disposition pour tout ce qu'on pour-
« rait demander.

« Le comte de Gontaut-Biron, qui est déjà vieux,
« fait son service de garde national, très scrupuleu-
« sement.

« Avant la dislocation du bataillon, aujourd'hui,
« on nous a annoncé que les ordinaires des compa-
« gnies ne fonctionneraient plus, provisoirement,
« et que les hommes vivraient comme ils l'enten-
« draient, avec une indemnité de 1 fr. 50 par jour,
« qui leur serait versée tous les matins à l'appel,
« jusqu'à nouvel ordre. »

14 Septembre.

Au Rapport. — Appel à 7 heures du matin. Exercices
de 7 heures à 8 h. ½. La retraite à 7 h. ½.

Lieu de réunion : Esplanade des Invalides.

« Nous avons été couchés, cette nuit, comme des
« princes, mais combien cela durera-t-il, enfin, c'est
« toujours autant de pris !

« Le genre de vie est le même qu'à Melun, avec
« la caserne en moins.

« Le soir, chacun dîne de son côté et va où il veut;
« j'ai trouvé un petit restaurant, près de l'hôtel, où
« je mange à la portion, et j'en ai pour 2 francs
« par jour. »

15 Septembre.

Au Rapport. — Exercices et appels comme hier. Les
sergents-majors se rendront, à 10 heures et demie, chez
le commandant, rue de l'Université, n° 32.

Ordre du Régiment. — Par ordre du général commandant la 4° division de la garde nationale mobile, le
nommé R..., soldat à la 3° compagnie du 3° bataillon

de Seine-et-Marne, qui s'est rendu coupable d'une insubordination grave, étant en état d'ivresse a insulté grossièrement le lieutenant Fraguier, de la 5ᵉ compagnie, est condamné à 2 mois de détention à la prison militaire du Conseil de guerre.

« Aujourd'hui, je me suis fait dispenser de l'exer-
« cice du soir et, après l'appel de 11 heures ½ du
« matin, je suis allé à Billancourt, où j'ai des cou-
« sins, blanchisseurs, 32, rue du Vieux-Pont-de-Sè-
« vres ; là, j'ai appris qu'ils étaient déménagés de
« la veille par ordre de l'autorité militaire, et qu'ils
« étaient maintenant dans Paris, à Grenelle, 2, rue
« de Javel ; je suis allé les retrouver là et suis ren-
« tré à 9 heures me coucher.

16 Septembre.

Au Rapport. — Fournir un état numérique des effets manquants dans chaque compagnie. Demain la 1ʳᵉ compagnie partira à 5 h. ½, sans armes, pour se rendre à la porte de Clignancourt, où elle devra être rendue à 7 heures ; la 2ᵉ compagnie, à la même heure, se rendra à la porte d'Auteuil ; les 3ᵉ, 4ᵉ et 5ᵉ compagnies partiront des Invalides à 6 heures, pour se rendre à la porte Maillot ; ces compagnies seront à la disposition du génie militaire. Exercices pour les autres compagnies.

« Aujourd'hui j'ai pu savoir que les mobiles de la
« Somme sont aussi à Paris, et je suis allé voir,
« dans leur cantonnement, les amis Ducrocq, Cor-
« niquet, Hutin, Fouilloy, etc., qui font partie du
« bataillon de Montdidier ; j'ai contracté ces bonnes
« amitiés étant clerc de notaire à Rollot, leur pays,
« en 1868 ; j'ai été bien heureux de les revoir, et
« nous avons passé une bonne soirée tous ensemble. »

17 Septembre.

Au Rapport. — Les compagnies seront prévenues qu'au cas où elles seraient appelées en dehors des fortifications, elles toucheront la solde de l'infanterie et les vivres de campagne, et cesseront de toucher l'indemnité journalière de 1 fr. 50.

Tous les gardes mobiles malades seront transportés à l'hôpital militaire du Gros-Caillou.

Prévenir l'officier de détail de préparer un bon de tous les effets de campement pour un effectif de 1.200 hommes. M. l'Officier de détail se rendra avec ce bon chez M. le Sous-Intendant militaire de la 4e division, au Luxembourg, avant 3 heures, et indiquera la quantité des effets de campement à la disposition de chacun.

Demain, exercice le matin, de 7 à 9 heures. Rapport comme à l'ordinaire. Appel à 11 h: ½.

« Après dîner, ce soir, je suis allé avec Des-
« champs, sergent-fourrier, faire une promenade sur
« le boulevard Saint-Michel, qui a bien perdu de
« son animation ordinaire, par l'absence d'étudiants;
« en revanche, s'il n'y a pas d'étudiants, il y a
« des « étudiantes » à foison.

« En rentrant à dix heures et demie, nous avons
« rencontré une patrouille de gardes nationaux, qui
« voulait nous conduire au poste, sous prétexte
« qu'il était plus de dix heures, mais nous nous
« sommes débarrassés d'eux sans peine. »

18 Septembre.

Au Rapport. — Ce soir, appel à 4 heures. A partir de demain, le rapport à 11 heures et l'appel à midi. Les gardes mobiles devront être rentrés dans leurs logements à 10 heures du soir. De 9 h. 3/4 à minuit, il sera fait des patrouilles qui feront rentrer les gardes mobiles et les conduiront au poste.

Ordre du Commandant. — Demain, à 8 heures du matin, élection des officiers par les compagnies. Toutes les compagnies devront être réunies au lieu de l'exercice, pour élire leurs officiers.

On fera connaître de quelle manière on procèdera au vote. Les sergents-majors se muniront de leur contrôle.

Lorsque les officiers seront élus, ils procèderont à l'élection du chef de bataillon.

Dans le cas où tout ou une partie serait commandée de service, l'élection se ferait pour la partie qui serait commandée, à son lieu de réunion, afin que le chef de bataillon puisse prendre part à cette opération.

« C'est par suite d'un décret du gouvernement de
« la défense nationale, que, dorénavant, les officiers

« doivent être nommés à l'élection ; je déclare en ce
« qui me concerne, que je ne suis pas partisan de
« ce mode, qui doit nuire à l'autorité des chefs,
« et à la discipline. »

19 Septembre.

Au Rapport. — Appels et exercices. Comme d'habitude.

« Aujourd'hui ont eu lieu les élections des offi-
« ciers, il n'y a pour ainsi dire pas de changement,
« sauf dans notre compagnie, où le lieutenant du
« Charmel n'a pas été élu ; il est remplacé par le
« sergent Truinet, de la compagnie.

« M. Quillet-Saint-Ange a été maintenu chef de
« bataillon par les officiers.

« Toute la journée nous avons entendu le canon,
« et nous avons su qu'il y avait un engagement avec
« les Prussiens, du côté de Châtillon.

« Vers 4 heures, nous avons vu passer sur l'espla-
« nade, des zouaves isolés, qui auraient été pris de
« panique devant l'ennemi, et s'étaient sauvés. C'est
« un triste tableau, peu fait pour nous remonter le
« moral.

« Nous apprenons, tard le soir, que nous avons dû
« évacuer la redoute de Châtillon. ».

20 Septembre.

Au Rapport. — Appels et exercices comme à l'habitude.

« Les journaux disent que Jules Favre aurait eu,
« hier et aujourd'hui, des entrevues avec Bismarck,
« pour connaître à quelles conditions en pourrait
« traiter de la paix ; mais que les exigences de Bis-
« marck étaient telles que les pourparlers avaient
« été rompus. »

21 Septembre.

Au Rapport. — On consacrera la journée à l'équipement des hommes.

« On a complété, aujourd'hui, l'équipement des
« hommes, et maintenant tout le monde a son sac,

« son étui-musette, ses deux cartouchières et tout
« ce qui constitue l'équipement du soldat en cam-
« pagne.

« Dans la soirée on a distribué les tentes de cam-
« pement (bâtons et toiles). »

22 Septembre.

AU RAPPORT. — A l'exercice on consacrera une pause
pour faire la théorie sur le service des places ; on con-
duira les hommes à la caserne du Louvre pour y être
habillés et faire l'échange de leurs fusils contre des chas-
sepots.

« Cette fois, les hommes ont tout à fait l'allure
« de soldats, on leur a distribué à chacun 2 panta-
« lons bleu-gendarme avec bande rouge, une veste
« et une capote d'infanterie ; les képis avaient été
« touchés à Melun.

« Quant aux fusils, il était temps qu'on les change,
« car ceux que nous avions eu à Melun étaient de
« fabrication inférieure et avaient le défaut de ne
« pas toujours bien encastrer la cartouche et de cra-
« cher.

« On a entendu le canon dans la soirée sans que
« nous puissions savoir s'il s'agit d'un combat. »

23 Septembre.

AU RAPPORT. — Appels et exercices comme à l'habitude.

ORDRE DU COMMANDANT. — Sont nommés :

Dans la 1re Compagnie :

Sergent : Noiret, caporal à la même compagnie.
Caporal : Dumoulin, soldat à la même compagnie.

Dans la 3e Compagnie :

Au grade de sergent-major : le sergent Sevenet de la
même compagnie.
Au grade de sergent : Boudinot, caporal à la même compagnie.
Au grade de caporal : Terrage Léon, soldat à la même
compagnie.

Dans la 4° Compagnie :

Au grade de sergent-fourrier : Caillaux, caporal à la même compagnie.
Au grade de caporal : Petit, soldat à la même compagnie.

Dans la 5e Compagnie :

Au grade de caporal : Villeneuve et Nivet, soldats à la même compagnie.

Dans la 7° Compagnie :

Au grade de sergent : Tondu, caporal à la même compagnie.
Au grade de caporal : Binet Jules, soldat à la même compagnie.

Le chef de bataillon rappelle aux commandants de compagnie, que les hommes présents aux appels, doivent seuls être payés de leur prêt, ainsi que ceux qui sont absents pour une cause légitime.

Les billets d'appel qui ne doivent porter que les noms des hommes absents seront envoyés chaque jour par le capitaine de semaine au commandant du bataillon.

L'adjudant veillera d'une façon toute spéciale à ce que les patrouilles soient faites d'heure en heure, conformément aux ordres du gouverneur de Paris, de 9 heures 3/4 à minuit.

Ces patrouilles doivent parcourir le quartier habité par le bataillon, et arrêter et conduire à la salle de police les gardes mobiles qui, contrairement aux ordres donnés, ne seraient pas rentrés dans leur logement à 10 heures.

« Il y avait, en effet, un combat hier qui s'est
« continué aujourd'hui, il s'agissait de réoccuper les
« redoutes des Hautes-Bruyères et du Moulin-Sa-
« quet, du côté de Villejuif.

« On dit que ce mouvement a réussi et que les
« mobiles de la Vendée, de la Côte-d'Or et de la
« Loire-Inférieure se sont bravement battus.

« Par contre, les mobiles de la Seine, ainsi que
« partie de leurs officiers se refusent, paraît-il à
« marcher. »

24 Septembre.

Au Rapport. — Exécution du tableau de service journalier.

Les sergents-majors devront envoyer tous les jours leur situation avant 4 heures.

L'officier-payeur devra aller aujourd'hui, à 4 heures, chez l'intendant.

Les sergents-majors établiront les livrets des hommes, à raison d'une escouade par jour, et ils indiqueront sur ces livrets, les effets de grand et de petit équipement.

Ordre de la Division. — M. le Général de brigade d'Argental, est attaché à la 4ᵉ division de garde mobile ; M. le Général commandant la 4ᵉ division prévient les troupes sous ses ordres que le général de brigade d'Argental est attaché à son commandement, et a pris son service à la date du 22 septembre.

« Aujourd'hui, je me suis fait dispenser de l'exer-
« cice après midi, pour aller faire plusieurs visites
« de famille, et à des personnes de mon pays réfu-
« giées à Paris. »

25 Septembre.

Au Rapport. — Demain matin, à 6 heures et demie, appel à l'Esplanade, auquel se rendront les 3ᵉ, 4ᵉ, 5ᵉ, 6ᵉ et 7ᵉ compagnies, en tenue de campagne (armes et bagages) et les munitions, et à 7 heures et demie, pour les 1ʳᵉ et 2ᵉ compagnies, au lieu habituel de leurs exercices.

Les sergents-majors se procureront la mesure approximative des hommes qui n'ont pu trouver de souliers au magasin et fourniront un état numérique à l'officier de détail, qui fera une commande spéciale.

Ordre du Commandant. — Est nommé au grade de sergent-major dans la 8ᵉ compagnie, Latombe, sergent-fourrier à la même compagnie, en remplacement de M. Dage, élu sous-lieutenant.

Et au grade de caporal-fourrier, Pinson, soldat à la même compagnie.

Le sergent-major Noé, de la 2ᵉ compagnie, est autorisé à remettre ses galons et à prendre un emploi de sergent.

Sont nommés dans la 2ᵉ compagnie :

Au grade de sergent-major, Flou, sergent-fourrier à la même compagnie.

A l'emploi de sergent-fourrier : Richard, sergent à la même compagnie.

> « Dans un entretien que j'ai eu avec le capitaine
> « de Coriolis, il m'a dit que si l'inaction dans la-
> « quelle on nous laisse doit continuer, il démission-
> « nera pour rentrer dans la cavalerie de l'armée ac-
> « tive; il est, du reste, ancien officier de cavalerie.
> « Il ajoute qu'il n'a pas repris du service pendant
> « la guerre pour rester à se chauffer les genoux au
> « coin de son feu. »

26 Septembre.

Au Rapport. — Exécution du tableau de service journalier. Demain, 27 septembre, les 1ʳᵉ et 2ᵉ compagnies seront de garde au 8ᵉ secteur, ainsi que la 3ᵉ compagnie.

Le capitaine Barradez prendra le commandement du détachement, et se mettra à la disposition de l'amiral commandant le 8ᵉ secteur, avenue d'Orléans, 73.

Les 4ᵉ, 5ᵉ, 6ᵉ et 7ᵉ compagnies seront de garde au 7ᵉ secteur, sous le commandement du chef de bataillon. Appel à 7 heures, pour ces dernières compagnies.

Ordre du Commandant. — M. le lieutenant de Bondy, de la 7ᵉ compagnie, prendra, par intérim, le commandement de la 4ᵉ compagnie, en l'absence de M. Benoit, capitaine, et de M. le lieutenant Berton, malade à la chambre.

Cet intérim cessera le jour où M. le lieutenant de Bondy pourra remettre le commandement de la 4ᵉ compagnie, au premier des officiers de cette compagnie devenu disponible.

> « Le service aux secteurs consiste à fournir des
> « sections de travailleurs au terrassement des fortifi-
> « cations. Pendant que les uns travaillent, les autres
> « font l'exercice.

> « Nous étions aujourd'hui avec des gardes natio-
> « naux sédentaires qui regardent travailler les mo-
> « blots en se moquant d'eux, font semblant de faire
> « l'exercice, mais sont surtout dans les cafés avoisi-
> « nant le secteur. »

27 Septembre.

Au Rapport. — Exercices et appels ordinaires.

« Je dois donner ici mon sentiment sur l'état d'es-
« prit actuel de notre bataillon ; et il n'est pas bon.
« Si nous restons encore longtemps dans la ville, je
« crois que tout ira mal, les hommes ne sont plus
« dans la main des chefs comme en caserne et la dis-
« cipline se relâche ; toutes les nuits, les patrouilles
« emmènent au poste de police des 30 et 40 gardes
« mobiles rencontrés en ville après l'heure. »

28 Septembre.

Au Rapport. — Exercices et appels aux heures ordinaires.

29 Septembre.

Au Rapport. — Exercices et appels aux heures ordinaires.

30 Septembre.

Au Rapport. — Exécution du tableau de service journalier. Demain, à 8 heures, le bataillon sera réuni avec
armes et bagages, sur l'Esplanade, pour être dirigé sur
l'École polytechnique et y prendre son cantonnement.

« Nous allons, ce soir, pour la dernière fois, cou-
« cher dans les bons lits de l'hôtel de Gontaut-Bi-
« ron ; nous ne verrons plus le matin, en descendant
« de nos chambres, la bonne figure d'un vieux do-
« mestique, nous saluant invariablement de ces mots :
« « Vous trouvez-vous bien ? Vous manque-t-il quel-
« que chose ? ». Nous nous souviendrons longtemps
« de l'accueil qui nous a été fait dans cette maison
« et du comte de Gontaut-Biron. »

1er Octobre.

Au Rapport. — Demain, à 8 heures du matin, revue
par le général de division sur la place de la Sorbonne.

Les 1re, 2e et 7e compagnies iront ensuite travailler aux
terrassements, au 8e secteur et les autres compagnies au
7e secteur.

« Aujourd'hui, nous avons emménagé à l'École po-
« lytechnique où nous coucherons dans les dortoirs

« des élèves, mais sur des matelas seulement, de sorte
« qu'il n'y aura pas à se déshabiller; on se couvrira
« avec les demi-couvertures qui nous ont été remises
« lors de la distribution du campement.

« A partir d'aujourd'hui, les ordinaires recommen-
« ceront à fonctionner et on touchera la solde ainsi
« que les vivres de campagne; l'indemnité journa-
« lière de 1 fr. 50 sera supprimée.

« Les journaux nous apprennent qu'il y a eu, hier,
« une affaire assez sérieuse à Chevilly qui serait sans
« résultats pour nous. »

2 Octobre.

Au Rapport. — Les hommes indisponibles qui ne sont
pas partis au travail avec leur compagnie, feront la corvée
de propreté dans les dépendances du casernement, sous
la surveillance d'un gradé du poste de police.

« En rentrant de la corvée du travail, on fait la
« première distribution des vivres de campagne qui
« consistent dans : lard, salé, vin, café, sucre, eau-
« de-vie, etc.

« On n'a pas encore à se servir des bidons et mar-
« mites de campement, ayant les cuisines de l'école à
« notre disposition.

« Le commandant a agréé aujourd'hui un cantinier
« qui doit suivre le bataillon, dans tous ses déplace-
« ments. »

3 Octobre.

Au Rapport. — A partir du 2 octobre, les caporaux,
soldats et clairons vivant à l'ordinaire, doivent verser la
somme de 0 fr. 20 par jour.

Par ordre du général de brigade, tous les jours, de midi
à une heure, il sera fait dans les chambres une théorie
sur le montage et le démontage des armes. A la même
heure, par les soins de l'adjudant-major, théorie pour les
sous-officiers et caporaux, sur les manœuvres, le service
intérieur et le service des places.

Appels et exercices comme à l'ordinaire.

4 Octobre.

Au Rapport. — Les sergents-majors auront soin de
fournir tous les 8 jours, un bon de tabac; ces bons seront

touchés à la manufacture des tabacs. Engager les hommes à ne pas jeter le marc de café et à le faire infuser dans de l'eau pour boire.

Dorénavant, les gardes descendantes seront exemptes d'exercices; ces exercices seront remplacés par une théorie dans les chambres.

Les sergents-majors remettront à l'officier de détail un bon de demi-couvertures pour les hommes qui n'en sont pas pourvus.

Exercices et appels comme à l'ordinaire.

ORDRE DU COMMANDANT. — Le chef de bataillon porte à la connaissance de MM. les officiers et sous-officiers du bataillon que le sergent Nouette-Delorme a été désigné, depuis le 1er octobre pour remplir les fonctions de vaguemestre.

M. Pradier, de la 3e compagnie, remplira les fonctions de capitaine-adjudant-major et conservera le commandement de sa compagnie.

Par ordre du général commandant la 4e division de garde mobile, un petit dépôt doit être organisé dans chaque bataillon pour être constitué définitivement lorsque le bataillon quittera Paris.

Sont désignés pour faire partie du dépôt dans le 3e bataillon : M. Dage, sous-lieutenant à la 8e compagnie; Pasquier, sergent-fourrier à la 5e compagnie et Vian, caporal à la 3e.

Le 3e bataillon est désigné comme devant se tenir prêt à marcher le 5 octobre; en conséquence, il restera consigné demain toute la journée, les couvertures roulées, le paquetage préparé, les effets de campement et les vivres disposés pour partir immédiatement, l'ordre reçu.

Les officiers, en dehors de leur service, ne doivent pas s'éloigner ni s'absenter de chez eux, sans faire connaître le lieu où on pourra les prévenir.

« Ayant appris qu'on pouvait correspondre avec la
« province par ballon, j'ai écrit aujourd'hui une
« lettre à mes chers parents et l'ai mise à la boîte
« rue du Cardinal-Lemoine, avec la conviction que
« mes parents ne la recevraient jamais; j'étais heu-
« reux tout de même de correspondre avec eux (1). »

(1) Cette lettre est parvenue à destination, à Guignes, le 20 octobre. Elle porte les cachets de poste suivants : Paris, 1, rue du Cardinal-Lemoine, 4 octobre; Paris à Bâle, 15 octobre, et Montereau, 17 octobre.

5 Octobre.

Au Rapport. — Demain, un poste de 12 hommes avec un caporal et un clairon, commandé par un sous-officier, ira monter la garde au Luxembourg.

Les 6 premières compagnies reverseront à la 8e les hommes qu'ils en ont reçu; ces hommes partiront ce soir à 5 heures, avec armes et bagages et les vivres reçus jusqu'à la prochaine distribution et les commandants de compagnie verseront entre les mains du capitaine de la 8e compagnie le prêt leur revenant.

Ordre du Commandant. — Le nommé L..., garde mobile à la 5e compagnie, est puni de 30 jours de prison par ordre du général de brigade, commandant en second la 4e division de garde mobile, il sera conduit pour subir sa punition, à la caserne du Louvre.

« Depuis hier soir, je suis malade, je souffre de la
« tête et des intestins, je suis allé à la visite ce matin
« et le médecin-major m'a dit que je n'étais pas le
« seul, qu'il fallait attribuer cette indisposition aux
« vivres de conserve.

« Il m'a donné une ordonnance que j'ai fait exécu-
« ter par Vallée Eugène, mon brosseur et il m'a dit
« de garder la chambre quelques jours.

« Il est de fait que nous n'avons plus de viande
« fraîche que 2 fois la semaine; le reste du temps,
« c'est du lard salé.

« L'alerte qu'on nous avait annoncée pour aujour-
« d'hui n'a pas eu lieu.

6 Octobre.

Au Rapport. — Le bataillon se tiendra prêt à marcher demain 7 octobre; on prendra les mêmes dispositions qu'avant-hier; on touchera aujourd'hui exceptionnellement une ration de viande de 180 grammes, l'officier de détail fera les bons immédiatement et on commandera une corvée pour les toucher en remplacement du lard.

Les registres de punition doivent être tenus à jour par les sergents-majors, ceux qui n'auraient pas transcrit leurs punitions s'adresseront à l'officier de détail pour faire le relevé des punitions sur les situations depuis le 1er août.

Appels et exercices comme d'habitude.

« Je suis toujours à la chambre où je mets mes
« écritures au courant; il y a au moins 15 hommes
« de notre compagnie restés aussi à la chambre, pour
« la même indisposition que moi, on a dû aller trop
« vite en nous mettant aux vivres de campagne sans
« préparation et c'est sans doute pour cette raison
« qu'on a remplacé aujourd'hui le lard salé par de la
« viande fraîche. »

7 Octobre.

Au Rapport. — Dorénavant et à partir de ce soir,
exercice le matin de 7 heures et demie à 9 heures et demie
et le soir de 1 heure et demie à 3 heures et demie.

Demain, le 3ᵉ bataillon sera de garde aux 7ᵉ et 8ᵉ secteurs. Les 2ᵉ, 3ᵉ, 4ᵉ et 5ᵉ compagnies, sous le commandement du chef de bataillon à la porte de Versailles. Les 6ᵉ
7ᵉ et 8ᵉ compagnies au 8ᵉ secteur, avenue d'Orléans, sous
le commandement du capitaine Bellamy. La 1ʳᵉ compagnie restera de piquet au casernement.

« Toujours souffrant, je n'ai pas quitté la cham-
« bre où j'ai lu quelques journaux qui m'ont appris
« que ce matin à 11 heures, Gambetta était parti
« par le ballon « Armand-Barbès », pour la province
« où il doit organiser la défense. Pas d'alerte. »

8 Octobre.

Au Rapport. — Exécution du tableau de service journalier.

« Je suis un peu mieux et suis allé à la visite, le
« major m'a dit que je pouvais reprendre mon ser-
« vice demain. »

9 Octobre.

Au Rapport. — Exécution du tableau de service journalier.

« J'ai repris mon service aujourd'hui et cela m'a
« semblé bon, car il fait un soleil de printemps; mal-
« gré cela, pour ne pas faire d'imprudence, je ne
« quitte pas le quartier.

« J'ai lu aujourd'hui, dans un journal, les hauts
« faits d'un sergent du 7ᵉ régiment de marche, le
« sergent Hoff. Il paraît que tous les jours, depuis
« l'investissement, il faut qu'il démonte un ou plu-
« sieurs allemands aux avants-postes, il fait ses ex-
« péditions souvent seul et quelquefois avec des
« camarades aussi résolus que lui. »

10 Octobre.

Au Rapport. — A l'avenir, par le mauvais temps, théorie dans les chambres pour les sous-officiers et soldats, par
ordre du général de division. Pour tous les officiers en-
trant à l'hôpital, indiquer sur la situation le genre de
maladie. Se tenir toujours prêts à partir avec le régiment.

Exercices et appels comme à l'ordinaire.

« Comme on parle de quitter Paris ces jours-ci, je
« suis allé dans la soirée voir les amis du bataillon de
« Montdidier, ne sachant pas de quel côté ils iront
« et si on se reverra... »

11 Octobre

Au Rapport. — Seront de garde demain : Les 1ʳᵉ et
2ᵉ compagnies au 7ᵉ secteur. La 3ᵉ et 100 hommes de la
4ᵉ au secteur avenue d'Orléans; 100 hommes de la 5ᵉ et la
6ᵉ compagnie à l'usine à gaz (embranchement des routes
de Choisy et d'Ivry).

Les commandants de ces détachements prendront, dès
leur arrivée, les ordres de MM. les Amiraux.

60 hommes de la 7ᵉ compagnie, commandés par un officier, avec un sous-officier, 3 caporaux et 1 clairon, iront
relever le poste chargé de la garde des barraques, boulevard de Port-Royal. En outre un poste de 12 hommes et
un sous-officier ira au Luxembourg.

Ces détachements seront rendus à leur poste à 9 heures
du matin.

A l'avenir, pour l'exercice, l'appel aura lieu le matin,
à 7 heures et le soir, à 1 heure, afin d'arriver sur le lieu
de l'exercice à l'heure prescrite.

Le général de division invite MM. les Officiers à fré-
quenter les cours de la Sorbonne.

« Tous les hommes qui étaient malades en même
« temps que moi, sont aujourd'hui rentrés à la com-
« pagnie, sauf un qu'on a dû envoyer à l'hôpital du
« Gros-Caillou. »

12 Octobre.

Au Rapport. — Exécution du tableau de service journalier.

13 Octobre.

Au Rapport. — Aussitôt la soupe mangée ce matin,
se préparer pour le départ du bataillon. Réunion place
de la Sorbonne, avec armes et bagages, à 11 heures; départ à 11 heures et demie, après l'appel.

« Nous avons quitté Paris à l'heure dite, et en
« passant par la porte Maillot, l'avenue de Neuilly,
« nous sommes arrivés, vers 3 heures, sur les quais
« de Puteaux, au long de la Seine.

« Aussitôt arrivés, on s'est mis à faire la soupe et
« à dresser les tentes-abri pour camper sur les quais,
« ainsi que les deux autres bataillons du 38e (Fon-
« tainebleau et Provins).

« Nous avons couché sous la tente, aujourd'hui
« pour la première fois, à même la terre, entortillés
« dans notre demi-couverture; on n'y est pas à l'aise
« mais comme il ne fait pas encore très froid, on en
« a pris son parti. »

14 Octobre.

Pas de Rapport ni d'Ordre.

« Ce matin, dès le réveil, on s'est mis à faire le
« café et le commandant a fait sonner aux sergents-
« majors pour prévenir que le bataillon serait réuni
« sur le lieu du campement à 10 heures et demie,
« aussitôt la soupe, avec armes et bagages, pour al-
« ler prendre son cantonnement à Asnières.

« Partis à 11 heures, nous étions rendus à 2 heures
« au cantonnement. Les deux autres bataillons
« étaient à notre droite; chaque commandant de com-
« pagnie a logé ses hommes dans les maisons en avant
« de la ligne du chemin de fer de Versailles, qui
« avaient toutes été évacuées par les habitants.

« Avec mes camarades, les autres sous-officiers de
« la compagnie, nous avons occupé 2 pièces au rez-
« de-chaussée d'un pavillon bourgeois, et nous avons,
« choisi comme chambre à coucher commune une
« pièce parquetée qui devait être un salon (démuni
« de ses meubles aujourd'hui). »

15 Octobre.

Au Rapport. — Les officiers, sous-officiers et caporaux
passeront dans tous les postes habités, s'assureront de la
bonne tenue des effets, principalement des armes et des
cartouches.

Les officiers donneront dans leur compagnie des instructions pour empêcher le désordre qui s'est produit hier
de se renouveler. Défense expresse de charger les armes;
recommander aux hommes de ne pas aller en plaine.

On fera des patrouilles qui comprendront une escouade
avec un sergent et un caporal, ces patrouilles seront four-
nies d'heure en heure par chaque compagnie en commen-
çant par la première. La première patrouille sera faite à
9 heures; les hommes punis seront de garde.

Les chefs de poste rendront l'appel au sergent-major
qui le rendra au commandant.

Ordre du Commandant. — La veille du prêt, fournir
à l'officier de détail une situation sommaire.

Les hommes devront toujours être fournis de vivres
deux jours à l'avance.

Tous les jours, un tiers des hommes sera de service aux
barricades et dans les maisons défensives; ils feront leur
soupe derrière les barricades, et ne quitteront leur poste
sous aucun prétexte; ils pourront s'abriter sous les tentes
en cas de mauvais temps. Les deux autres tiers resteront
dans le cantonnement prêts à exécuter les corvées et des
manœuvres.

A la première alerte, tout le monde devra se trouver
au poste de défense assigné à la compagnie.

Sous aucun prétexte les avant-postes ne peuvent être
franchis pendant la nuit que par les personnes de l'armée, munies du mot d'ordre et dont la qualité sera bien
constatée.

Toute personne qui s'y présenterait pendant la nuit
sans avoir le mot, serait arrêtée et conduite au poste, qui

l'enverra le lendemain, sous escorte, au général commandant le rond-point de Courbevoie.

Les vivres et le fourrage se toucheront quai de Seine, n° 50, et le chauffage, au n° 24.

Chaque jour, à 6 heures du soir, remettre à l'officier-payeur, une situation-rapport dont le modèle sera donné par lui.

Ordre du Colonel. — Le colonel recommande à MM. les chefs de bataillon de veiller à ce que tous les ordres donnés par le général soient rigoureusement exécutés ; ils recommanderont aux commandants de compagnie de faire comprendre à leurs subordonnés qu'ils doivent faire respecter et respecter eux-mêmes les propriétés, et les prévenir que tout homme coupable de s'être emparé d'un objet quelconque dans l'intérieur d'une maison, sera traduit, d'après les ordres du gouverneur, devant la Cour martiale.

Le colonel regrette d'avoir à reprocher à quelques hommes dominés par une déplorable hallucination, qui est presque toujours la conséquence d'un caractère faible et anti-militaire, les coups de fusil qu'il a entendus hier soir, il espère que pareille chose ne se renouvellera plus et il compte pour cela sur la surveillance de MM. les Chefs de bataillon.

MM. les Chefs de bataillon ne feront faire que les exercices indispensables pour mettre le plus rapidement possible leur bataillon en mesure de combattre efficacement.

On n'exigera pas la régularité réglementaire pour tous les mouvements de l'école de bataillon, il suffira que les officiers et sous-officiers en comprennent le mécanisme, et les exécutent avec ordre.

Ordre de la Division. — Le général commandant les troupes de défense de la rive gauche, au colonel du 38° régiment provisoire d'infanterie de la garde mobile.

« Mon cher Colonel,

« Vos bataillons ont fait cette nuit un feu très vif, depuis Asnières jusqu'à Courbevoie, et ont tiré sur des reconnaissances et patrouilles de zouaves envoyées en avant de la position que vous occupez.

« Le général en chef, qui a été informé de cette fusillade en est très mécontent, et me charge de vous dire que si ces faits se renouvelaient il se verrait obligé de placer votre régiment en seconde ligne.

« Veuillez, je vous prie, réunir vos officiers et leur faire comprendre le grand inconvénient de ces coups de feu tirés au hasard et leur recommander de veiller avec le plus grand soin, à ce que dans toutes les circonstances possibles, les hommes ne tirent que lorsqu'ils voient distinctement l'ennemi.

« Signé : Général BERTHAUT. »

« Personne ici n'a entendu les coups de fusil dont
« parlent les ordres ; du reste le service devient assez
« fatigant, pour qu'on dorme bien malgré qu'on se
« couche tout habillé.

« En général tout le monde est content d'être sorti
« de Paris, le service en caserne devenait abrutis-
« sant ; si, hors Paris, le service est plus dur et s'il
« y a du danger par moment, nous avons au moins
« le grand air et des émotions qu'on n'avait pas à
« Paris. »

16 Octobre.

AU RAPPORT. — On se conformera pour les exercices à l'ordre du général, communiqué aux compagnies.

Les commandants de compagnie donneront des ordres pour que les hommes changent de linge, ils exigeront que les chemises soient lavées le plus tôt possible, les guêtres blanches devront être nettoyées.

Les commandants de compagnie passeront la revue des cartouches, ils feront retirer celles au-dessus de 85, et feront compléter celles au-dessous de ce chiffre ; ils préviendront leurs hommes, que ceux qui useraient des cartouches sans motifs seront punis de 8 jours de prison.

ORDRE DU COMMANDANT. — Le capitaine commandant le bataillon, fait prévenir tous les commandants de compagnie qu'un bataillon d'infanterie, 4 escadrons de cavalerie et deux batteries d'artillerie doivent faire une reconnaissance du côté du bois de Colombes et du village de Gennevilliers.

Prévenir tous les postes sous leurs ordres, afin d'éviter les surprises et accidents.

Par ordre du général en chef, le régiment fournira une compagnie d'hommes choisis parmi les meilleurs tireurs et les plus aptes à faire des éclaireurs devant l'ennemi ; 30 hommes par bataillon qui seront choisis par chacun des commandants parmi les hommes de bonne volonté.

Les chefs de bataillon feront connaître les noms des officiers, sous-officiers et caporaux qui désirent faire partie de cette compagnie, et se réuniront demain, à 7 heures, chez le colonel, pour l'organisation définitive de la compagnie d'éclaireurs.

Le logement du colonel se trouve dans l'intervalle qui sépare le 3° bataillon du 2°.

Les chefs de bataillon sont autorisés à prendre la paille qui pourrait être utile au couchage de leurs hommes, en avant de la route d'Asnières et vis-à-vis la tête du pont où se trouvent des meules.

On enverra une corvée dans chaque bataillon, commandée par un capitaine, et on donnera une botte de paille par deux hommes.

Le capitaine de Lambert sera chargé de cette corvée pour le 3ᵉ bataillon.

Ordre du Gouverneur de Paris. — Dans le combat de Bagneux, du 13 octobre, la division Blanchard du 13ᵉ corps, les bataillons de garde mobile et le corps des gardiens de la paix qui y sont attachés, ont acquis de nouveaux droits à la reconnaissance du gouvernement de la Défense nationale et du pays.

Les troupes ont montré de la vigueur, de l'aplomb et des habitudes d'ordre et de discipline, dont j'ai à les féliciter. Le 35ᵉ d'infanterie et les bataillons de la Côte-d'Or qui, déjà, s'étaient vaillamment comportés au combat de Villejuif, les bataillons de l'Aube, qui abordaient l'ennemi pour la première fois, les gardiens de la paix, qui ont perdu un officier et plusieurs hommes, se sont hautement distingués.

Le commandant de Dampierre entraînant sa troupe à l'attaque de Bagneux, où il est entré le premier, a succombé glorieusement. Je donne, ici, à ce vaillant officier, des regrets que l'armée partagera tout entière.

Le Gouverneur de Paris :

Signé : Général Trochu.

« Ne recevant pas de journaux dans le cantonne-
« ment, nous ne connaissons rien de l'affaire de Ba-
« gneux.

« Notre tour n'est pas encore venu, mais on fera
« bien de se hâter, pendant que le moral est encore
« bon. »

17 Octobre.

Au Rapport. — Recommander aux hommes de ne pas
aller dans la plaine chercher des légumes, tous les jours,
matin et soir. Des patrouilles de gendarmes sont commandées pour parcourir la plaine et ramasser les maraudeurs.

Les pommes de terre restant dans les champs seront recueillies par des corvées régulièrement commandées ; aujourd'hui, cette corvée aura lieu à 1 heure et sera commandée par le général de brigade de la 3ᵉ division.

Il a été rendu compte au général, qu'un chef de poste
a donné le mot de ralliement à un gendarme qui rentrait à
sa caserne, afin de lui faciliter la traversée de plusieurs
postes ; le général rappelle qu'il est formellement interdit de donner le mot de ralliement à d'autres militaires
qu'aux sentinelles et aux chefs de patrouilles.

Messieurs les chefs de corps donneront des ordres à cet
égard et en surveilleront l'exécution.

« Depuis la corvée de la paille, nous sommes un
« peu mieux couchés, ce qui n'est pas à dédaigner
« car nous faisons un service très dur comme grand'
« garde et travail aux ouvrages défensifs. »

18 Octobre.

Au Rapport. — Exercice de 1 heure et demie à 3
heures. Appel en armes, à midi.

Le commandant recommande toujours de veiller à la
tenue des hommes, principalement pour les armes et les
cartouches.

Deux coups de fusil ont été tirés cette nuit. Le commandant prévient de nouveau que tout homme qui sera
pris à faire feu sans motifs, sera puni de 8 jours de prison.

Des hommes ont retiré des balles des cartouches, pour
les remplacer par du petit plomb, afin de chasser ; les commandants de compagnie donneront des ordres sévères et

puniront les délinquants de 8 jours de prison; pour éviter ces faits, on passera très souvent la revue des cartouches.

Il y aura une grande reconnaissance aujourd'hui; défendre aux hommes de parcourir la plaine; il n'y aura pas de corvée de pommes de terre.

Il sera formé une plainte en conseil de guerre contre : F..., sergent; L... et M..., soldats à la 4e compagnie et D..., soldat à la 6e compagnie.

« Tous les jours, on punit des hommes qui sont pris
« soit à la maraude dans les champs, soit à voler du
« vin dans les caves; jusqu'à présent, ici, à la 7e, on
« n'a pas eu de punis, ce qui ne veut pas dire qu'il
« n'y a pas de chapardeurs. J'en connais, mais ils
« sont assez débrouillards pour ne pas se faire prendre
« et ma foi je dis que je ne sais rien! »

19 Octobre.

Au Rapport —·On ne retiendra plus, sur l'ordinaire que dix centimes par jour et par homme. Cette mesure prendra effet à partir du 15 octobre.

A partir de demain, à l'appel de midi, les hommes auront sac au dos et la tente roulée sur la couverture autour du sac.

Cette nuit, des hommes de plusieurs compagnies se sont introduits dans des maisons habitées pour y voler du vin. Des hommes de la 3e compagnie vont être traduits en cour martiale où il est demandé pour eux les châtiments les plus sévères.

Le colonel veut qu'il soit fait des exemples et sera sans pitié pour ceux qui l'oublieraient en de pareilles circonstances.

Exercice de 1 heure à 3 heures. De 3 heures à 5 heures, travail aux barricades.

Ordre du Commandant. — Le sergent-major Sévenet, de la 3e compagnie, est nommé à l'emploi d'adjudant-sous-officier devenu vacant.

Le nommé Jules Parly, garde mobile à la 4e compagnie est mis à la disposition de M. l'officier d'administration de l'hôpital du Gros-Caillou.

« Toujours le même service dur, et quand c'est
« fini, j'ai mes écritures et ma comptabilité à tenir

« au courant. Tous les soirs, c'est moi qui me couche
« le premier; quant aux autres sous-officiers, ils pré-
« tendent que je me couche comme les poules et ils
« restent un peu à bavarder. Je sais qu'ils ne peuvent
« pas s'ennuyer, car notre fourrier n'engendre pas la
« mélancolie. »

20 Octobre.

Au Rapport. — Les chefs de poste doivent remettre au capitaine commandant le bataillon, au plus tard à 7 heures et demie, le matin, leur rapport sur les rondes et patrouilles.

Aujourd'hui, service comme d'habitude, puis travail aux barricades.

Demain à midi, en passant la revue des armes, les chefs de compagnie auront soin de faire sortir l'aiguille de la tête mobile, pour voir si elle n'est pas rouillée, celles qui seraient rouillées seront nettoyées car la rouille fait casser l'aiguille au premier coup de feu et met l'homme dans l'impossibilité de se servir de son arme. Distribuer les vivres de réserve aux hommes, en passer souvent la revue, pour s'assurer qu'ils les conservent. Les officiers puniront les hommes qui ne présenteraient pas leurs vivres de réserve au complet.

Ordre du Général commandant le Corps d'armée. — Le général en chef s'empresse de porter à la connaissance du corps d'armée un acte de généreux et audacieux dévouement qui fait honneur à son auteur.

Un messager de l'armée, surpris par un poste prussien, avait eu sa barque coulée par la fusillade ennemie, en passant de la rive droite de la Seine sur l'île de Marande; le malheureux ne sachant pas nager est resté 48 heures dans l'île.

Le caporal Lecomte, du régiment de zouaves de marche n'a pas hésité à se jeter à la nage, pour aller à son aide; ayant trouvé sur la rive un tonneau, il a placé le messager dessus et l'a ramené sur notre rive en traînant le tonneau à la nage.

A l'aller et au retour, il a été tiré sur lui plusieurs coups de fusil qui, heureusement, ne l'ont pas atteint.

Le général en chef adresse ses cordiales félicitations au caporal Lecomte et ordonne qu'il sera promu sergent à la date de ce jour.

« J'ai oublié de noter qu'à notre entrée à l'Ecole
« polytechnique, quand on a rétabli les ordinaires et
« qu'on a distribué les vivres de campagne, avec les
« autres sous-officiers de la compagnie, nous avons
« choisi, pour faire notre cuisine le soldat Châlin,
« originaire de Fouju.

« Il s'acquitte fort bien de ses fonctions et nous en
« sommes très contents; de son côté, il y trouve un
« avantage, puisqu'il est dispensé de corvées et de
« gardes.

« On s'attend à quelque chose demain dans notre
« région car toute la journée il y a eu des mouve-
« ments de troupes autour du Mont-Valérien. »

21 Octobre.

Au Rapport. — La visite des malades aura lieu à 8
heures du matin, rue Traversière, n° 6; la liste des malades sera remise à 7 heures, au même endroit, au médecin-major; les malades seront accompagnés par le sergent de semaine ou, à son défaut, par un caporal. Le docteur demandera une punition pour ceux qui ne se confor-
meraient pas à cet ordre.

Il sera fourni au docteur avant une heure, l'état des
hommes qui n'ont jamais été vaccinés.

Exercice, si le temps le permet, pour tous les hommes
qui ne travaillent pas aux barricades.

Les officiers doivent plus souvent visiter leurs compagnies, principalement la nuit et surtout dans celles où
les hommes sont logés dans les bâtiments, pour s'assurer
qu'il n'y a ni lumière, ni feu, dans les appartements et
que le tiers des hommes veille, comme l'ordre en a été
donné.

« Ce matin, à 3 heures, la sonnerie de la générale
« nous a réveillés et, aussitôt, nos clairons sonnaient
« le rassemblement du bataillon au lieu ordinaire; à
« 4 heures, le bataillon était rangé en ordre de ba-
« taille, avec les armes, les cartouches et le sac au
« dos.

« On nous dit que nous allions partir du côté du
« parc de Buzenval où une reconnaissance devait
« être faite.

« Nous restâmes sous les armes jusqu'à 8 heures,
« nous entendions le canon depuis plus de deux
« heures et ne savions ce que cela voulait dire, quand
« on vint nous avertir de rompre et de rentrer dans
« les cantonnements.

« Il paraît qu'au dernier moment, par suite de ce
« que notre commandant est malade, on nous a fait
« remplacer par le bataillon de Fontainebleau.

« Notre première impression à ce moment-là a été
« presque du désappointement.

22 Octobre.

Au Rapport. — Aujourd'hui, travail aux barricades et
travaux de propreté, les armes seront nettoyées à fond.

Le chef de bataillon devant reprendre son commandement demain dimanche, fait prévenir qu'il passera dans le commencement de la semaine, une revue minutieuse et détaillée de tous les effets et qu'il s'assurera de la propreté des hommes.

Il est recommandé aux sergents-majors d'être plus exacts à exécuter les ordres qui leur sont donnés s'ils veulent éviter des punitions.

Recommander à nouveau aux hommes de ne pas aller isolément aux pommes de terre dans les champs, ni dans les jardins, pour y prendre des légumes.

« Comme il n'y a pas eu d'ordre aujourd'hui et
« qu'au rapport on n'en dit rien, je me suis informé
« auprès d'un sous-officier du bataillon de Fontaine-
« bleau des résultats de la journée d'hier.

« Il me dit que son bataillon était resté une partie
« de la journée dans Rueil et que ce n'est qu'à 3
« heures environ qu'il reçut l'ordre de se déployer en
« tirailleurs sur le plateau de la Jonchère pour pro-
« téger la retraite des troupes qui avaient été enga-
« gées toute la journée ; qu'ils étaient restés jusqu'à
« 4 heures à ne pas lâcher pied ; puis, qu'ils avaient
« battu en retraite aussi et étaient rentrés à 7 heures
« à leur cantonnement. Le 1er bataillon aurait eu
« tant en tués que blessés et disparus, 38 hommes
« et 2 officiers, hors de combat.

23 Octobre

Au Rapport. — Le capitaine Barradez a remarqué, que
dans certaines maisons habitées par des hommes du 3ᵉ
bataillon, on faisait du feu le soir, l'officier de ronde en
a fait la remarque aussi cette nuit.

A 7 heures le soir, tous les feux doivent être éteints;
les sentinelles, ainsi que les rondes, feront connaître les
croisées où ils auront remarqué des lumières et les con-
trevenants seront punis.

Aujourd'hui dimanche, pas d'exercice, mais le quartier
est consigné pour la revue des effets par le commandant.

    « En rentrant du rapport, j'ai annoncé à mes bons
« amis les sous-officiers de la 7ᵉ qu'ils allaient main-
« tenant être forcés de se coucher comme les poules
« puisqu'on ne pourrait plus avoir de lumière après
« 7 heures.

    « Aujourd'hui, notre capitaine, M. de Coriolis qui,
« depuis quelque temps était en permission régu-
« lière, est venu nous annoncer qu'il était nommé
« capitaine dans un escadron de chasseurs d'Afrique
« reconstitué à Paris et nous faire ses adieux.

    « Tout le monde, à la compagnie, le regrettera;
« mais, nul plus moi; il était ferme dans le service,
« quoique très bon au fond. Il avait mis la compa-
« gnie sur un bon pied, et il avait surtout aidé à mon
« instruction comme comptable et à mon éducation
« militaire. »

24 Octobre.

Au Rapport. — Les sergents-majors des 4ᵉ, 5ᵉ et 7ᵉ compagnies sont prévenus, qu'en vertu d'une commission ro-
gatoire, le commandant du bataillon, chargé d'une enquête sur les faits récents de maraudage, entendra comme
témoins : Varennes, sergent-major à la 4ᵉ compagnie;
Marmion, Lebrun, sergents, et Gervais, garde mobile à la
5ᵉ compagnie, et Cléreau, garde mobile à la 7ᵉ compagnie.

Ces hommes se rendront aujourd'hui, 24 octobre, chez
le commandant du bataillon, à onze heures et demie, rue
Traversière, nᵒ 4, pour y être interrogés.

Tous les jours, chaque compagnie fournira 15 hommes
de corvée pour les pommes de terre. Réunion à 11 heures.
Exercice pour les non-travailleurs.

Ordre du Commandant. — Le sergent Guéroult, de la 1ʳᵉ compagnie, est nommé sergent-major de la 3ᵉ compagnie, en remplacement du sergent-major Sévenet, nommé adjudant-sous-officier.

Le sous-lieutenant Carbonnier de la 1ʳᵉ compagnie, est détaché, jusqu'à nouvel ordre à la 5ᵉ compagnie.

> « J'ai changé aujourd'hui de brosseur, mon an-
> « cien, Vallée Eugène, originaire de Mormant, m'a
> « quitté en me donnant pour motif que son escouade
> « est logée trop loin de l'endroit où je suis cantonné ;
> « c'était un bon garçon, bon vivant, très gai de ca-
> « ractère, et à ce point de vue je le regretterai. Je
> « l'ai remplacé par le soldat Cornuet René, origi-
> « naire de Bréau, de la 4ᵉ escouade. »

25 Octobre.

Au Rapport. — Les 1ʳᵉ, 3ᵉ, 4ᵉ et 5ᵉ compagnies se rendront immédiatement à l'ouvrage du moulin d'Aubuzon, pour la protection des travailleurs, et y resteront de 1 heure à 4 heures ; le détachement sera commandé par le capitaine Pradier.

Les compagnies seront réunies à 11 heures et demie sur la route parallèle au chemin de fer ; à 4 heures, au moment du retour des travailleurs, les 4 compagnies rejoindront le nouveau cantonnement à Courbevoie, sur la route d'Argenteuil, entre l'église et le chemin de fer.

> « Dans la soirée le bataillon a pris son nouveau
> « cantonnement à Courbevoie, et en arrière de la
> « ligne de Versailles, dans les maisons évacuées se
> « trouvant entre l'église et le chemin de fer.

> « Le logement des sous-officiers de la 7ᵉ est au rez-
> « de-chaussée, dans une maison, au bas du remblai
> « de la ligne du chemin de fer. »

26 Octobre.

Au Rapport. — Les 5 premières compagnies et la première section de la 6ᵉ compagnie partiront sous le commandement du capitaine Barradez, pour aller protéger les travailleurs à la batterie du moulin d'Aubuzon ; ces compagnies seront placées à la maison Bralet et détacheront quelques avant-postes ; le reste du détachement sera placé en réserve, au pied de l'ouvrage d'Hérodes.

Le détachement partira à 11 heures et demie, et reviendra à 4 heures, en même temps que les travailleurs, à l'exception de la 3° compagnie qui sera chargée de la garde des outils, et qui restera toute la nuit jusqu'au moment de l'arrivée des bataillons chargés de la protection des travailleurs, pour demain 27.

La 3° compagnie s'établira dans le moulin; il lui est interdit de faire du feu.

Le détachement partira sans sac, à l'exception de la 3° compagnie qui emportera tout son campement et ses vivres.

La 2° section de la 6°·compagnie et la 7° seront employées au déplacement des barricades dans le cantonnement du bataillon; la 2° section de la 6° à la barricade du pont sur le chemin de fer, et chacune des 2 sections de la 7°, aux 2 barricades situées, l'une à l'entrée de la rue, et l'autre à la hauteur du n° 18.

Les commandants de ces 2 sections viendront de suite prendre les ordres du chef de bataillon pour la direction du travail qui commencera à 10 heures.

« Comme il manque un officier à la compagnie par
« suite du départ du capitaine, j'ai dû prendre aujourd'hui le commandement d'une section à la corvée des barricades, et le sous-lieutenant Truinet
« le commandement de l'autre.

« Nous nous demandons pourquoi on démolit des
« barricades pour les reporter un peu plus loin. »

27 Octobre.

Au Rapport. — La 4° compagnie est désignée pour être de grand'garde, elle occupera un poste où elle sera conduite par un officier faisant fonctions d'adjudant-major; elle partira à 4 heures avec son campement de façon à pouvoir établir ses petits postes et ses sentinelles avant la nuit, une consigne écrite sera remise au commandant de la grand'garde.

La 4° compagnie rentrera demain au cantonnement, à 9 heures.

La 8° compagnie et la première section de la 1°° compagnie seront employés aujourd'hui aux travaux des barricades.

Demain, les 2e, 3e, 4e, 5e et 6e et la première section de la 7e compagnie iront à l'ouvrage du moulin d'Aubuzon pour y protéger les travailleurs pendant la 2e séance, de 11 heures à 4 heures. Appel à 8 heures du matin. Départ à 8 heures et demie.

La 2e section de la 7e et la 8e compagnie iront aux travaux des barricades.

Si les outils demandés au génie sont arrivés, la 1re compagnie commencera demain, les travaux de défense sur les abords extérieurs du cantonnement.

« Comme j'avais obtenu une permission pour aller
« l'après-midi à Paris, chercher du linge chez mon
« cousin Goussaut, c'est le sergent Dupont qui a pris
« le commandement de la section envoyée à l'ouvrage
« du moulin.

« Je rentre ce soir, à 6 heures, de Paris, où les
« bruits les plus contradictoires circulent sur ce qui
« se passe en Province; on dit que Bazaine a fait
« une grande sortie, et a battu les Allemands, et on
« ajoute que l'armée de la Loire marche sur Paris. »

28 Octobre.

Au Rapport. — Demain, la 6e compagnie prendra la grand'garde. Les 3e et 8e compagnies et la 1re section de la 2e travailleront aux barricades.

Le commandant rappelle, qu'à moins d'ordres contraires ou de circonstances imprévues, la soupe doit être mangée dans toutes les compagnies, à 9 heures du matin.

Le rapport aura lieu, tous les jours, à 8 heures et demie; les sergents-majors se réuniront en outre tous les jours, une deuxième fois, à 11 heures, dans le bureau de l'adjudant, pour recevoir communication des ordres.

Demain, à 8 heures et demie, les sergents-majors apporteront un état de proposition pour l'emploi de clairon, dans les compagnies n'ayant pas 2 clairons titulaires.

Un porte-monnaie en cuir, à fermoir en cuivre, a été trouvé, le 27 au matin, aux abords de l'ouvrage du moulin de Nanterre; il est déposé au quartier général, au rond-point de Courbevoie, où on pourra le réclamer.

29 Octobre.

Au Rapport. — La 2e section de la 3e compagnie et la 4e et la 5e compagnie fourniront des travailleurs à l'ouvrage du moulin, demain, pendant la 3e séance, de 1 heure à 4 heures. Départ à 11 heures. M. le capitaine Pradier commandera le détachement. Toutes les autres compagnies seront employées demain aux travaux de défense.

Ordre du Commandant. — Sont nommés à l'emploi de clairon :

A la 1re Compagnie : Collet, élève clairon.

A la 2e Compagnie : Grésy, élève clairon.

A la 3e Compagnie : Joachim, élève clairon.

A la 4e Compagnie : Josselin, élève clairon.

A la 5e Compagnie : Prout, élève clairon.

A la 6e Compagnie : Charpentier, élève clairon.

A la 7e Compagnie : Mosny Clément, élève clairon.

Les commandants de compagnie proposeront un élève clairon par compagnie, qui sera dispensé de tout service.

Un ordre du gouverneur de Paris interdit de la manière la plus absolue, aux troupes de la garnison, de s'approvisionner de légumes en les arrachant eux-mêmes sans autorisation des propriétaires, dans les terrains dépendant de la banlieue de Paris. A l'avenir, les compagnies qui chercheront à se procurer des légumes, enverront un caporal avec un homme muni d'un sac, lesquels chercheront dans la campagne, aussi rapprochée que possible du cantonnement, des civils occupés à travailler dans les champs et verront à obtenir d'eux, moyennant un prix librement débattu, les légumes nécessaires à l'ordinaire de leur compagnie.

Toute dérogation au présent ordre et toute violence ou menace envers les civils, seront punis par le commandant avec la dernière sévérité.

La corvée des travailleurs prévue pour demain 30 octobre, ayant été décommandée, le service sera réglé comme il suit, pour demain :

Toutes les compagnies seront occupées aux travaux de défense.

« Nous pensions, aujourd'hui, qu'il y avait repos
« pour nous, le rapport du 28 ne parlant pas de la 7e ;

« mais il paraît que c'était une omission, car, au
« rapport de ce matin, on a dit que les compagnies
« dont l'emploi du temps n'avait pas été prévu au
« rapport d'hier, seraient occupées aux travaux de
« défense du cantonnement. »

30 Octobre.

Au Rapport. — La 2ᵉ section de la 2ᵉ compagnie, les
3ᵉ, 4ᵉ et 5ᵉ compagnies fourniront des travailleurs à l'ouvrage du moulin, demain 31 octobre, pendant la 3ᵉ séance,
de 1 heure à 4 heures. Appel à 11 heures. Départ à 11 h.
et demie. M. le capitaine Pradier commandera le détachement.

La 8ᵉ compagnie sera de grand'garde demain.

Les autres compagnies seront occupées aux travaux
de défense de leur cantonnement.

Il a été trouvé, avenue de Neuilly, vis-à-vis le n° 19,
une montre et une chaîne en or; les réclamer à la mairie.

Les ordres au sujet du maraudage et de la corvée des
pommes de terre, devront être lus à trois appels consécutifs.

A partir du 30 octobre, les distributions auront lieu
rue Dupuytren, à Courbevoie, à une heure.

« Ce soir, un permissionnaire du bataillon, ren
« trant de Paris, nous apprend qu'il y a beaucoup
« de bruit et d'effervescence dans Paris où on venait
« d'apprendre que les Prussiens avaient repris Le
« Bourget dans la journée, et où on disait qu'il était
« arrivé aussi de mauvaises nouvelles de la Pro
« vince. »

31 Octobre.

Au Rapport. — Quartier consigné. Les corvées de travail prévues pour aujourd'hui n'auront pas lieu. Les commandants de compagnie ne quitteront pas leurs hommes
et veilleront à ce qu'ils soient prêts à partir à tout instant.

« Le rapport a eu lieu ce matin, à 7 heures et de
« mie; il est trop laconique pour que nous puissions
« savoir ce qui se passe; mais, vers 9 heures, nous
« avons su que les gardes nationaux se révoltaient
« et voulaient renverser le gouvernement de la dé-

« fense nationale, sous prétexte que tous les chefs
« trahissaient.

« Les Allemands avaient laissé passer des dépêches
« annonçant que Bazaine avait capitulé à Metz, et
« que son armée était prisonnière.

« Cette dernière nouvelle nous a tous consternés et
« elle fait plus le sujet de nos entretiens que la ré-
« volte des gardes nationaux qui sera vite réprimée,
« sans qu'on ait besoin de nous.

« En effet, dans la soirée, nous apprenions que des
« bataillons de garde nationale, fidèles au gouverne-
« ment s'étaient rendus maîtres de ce commencement
« d'émeute et que le calme était revenu.

« La 8ᵉ compagnie est allée faire son service de
« grand garde. »

1ᵉʳ Novembre.

Au Rapport. — Appel à midi. La 2ᵉ compagnie sera
de grand garde aujourd'hui. Toutes les compagnies qui
ne sont pas employées à un service intérieur, continueront
les travaux de défense, les sections alterneront dans
chaque compagnie, par séance de 2 heures.

Les compagnies de grand'garde enverront chaque matin
leur rapport à l'adjudant.

Les hommes punis de salle de police et de prison seront
réunis, chaque jour, dans le poste de police et partiront
avec la compagnie de grand garde; on veillera à ce que
leurs vivres leur soient régulièrement portés et que leurs
armes, bagages et munitions leur soient envoyés avant
l'heure du départ.

La 3ᵉ compagnie fournira aujourd'hui 75 hommes pour
composer le poste de jour et de nuit, établi à l'intersection du pont du chemin de fer et de la route de Colombes;
M. Harveuf, commandant de la 1ʳᵉ compagnie, ira ins-
taller ce poste et lui donnera la consigne; les hommes
devant le composer partiront à midi précis avec la garde
montante; ils emporteront leur campement et les vivres,
les feux devront être éteints à 5 heures et ne pourront être
rallumés avant 6 heures du matin.

Les 1ʳᵉ, 4ᵉ, 5ᵉ, 6ᵉ, 7ᵉ et 8ᵉ compagnies iront protéger
les travailleurs, au moulin de Nanterre, pendant la 1ʳᵉ
séance, demain de 7 heures à 10 heures, avec armes et

munitions, sous le commandement du chef de bataillon; appel à 5 heures. Départ à 5 heures et demie. Les hommes auront pris le café. On laissera un homme de cuisine par escouade.

Ordre du Commandant. — Le caporal G... de la 3ᵉ compagnie du 3ᵉ bataillon a été provisoirement puni par le colonel de 30 jours de prison pour s'être enivré et avoir causé du scandale.

> « On a commencé aujourd'hui à réduire la ration
> « de pain et on distribue en compensation du biscuit.
> « On va donner aussi, à la prochaine distribution des
> « boîtes de viande de conserve pour remplacer la
> « viande fraîche, une fois par semaine. »

2 Novembre.

Au Rapport. — Demain, la 2ᵉ section de la 3ᵉ compagnie, la 4ᵉ et la 5ᵉ compagnie sont commandées pour aller travailler à la redoute du moulin de Nanterre en armes et sans sacs.

La 6ᵉ compagnie et la 1ʳᵉ demi-section de la 7ᵉ seront de grand'garde demain.

Les compagnies qui sont commandées de grand'garde ne doivent laisser aucun homme au cantonnement, sauf les malades.

3 Novembre.

Au Rapport. — Observations de l'emploi du temps prescrit hier.

Ordre du Commandant. — Les bataillons de garde mobile sont appelés aujourd'hui à voter sur le maintien ou le renversement du gouvernement de la défense nationale.

Ceux qui voudront la conservation de ce gouvernement déposeront un bulletin portant le mot « Oui ».

Ceux qui veulent son renversement déposeront un bulletin portant le mot « Non ».

J'espère qu'il n'y aura, dans le 3ᵉ bataillon de la garde mobile de Seine-et-Marne, qu'une voix pour conserver le soin de la défense aux hommes dont les efforts ont, jusqu'à présent, tenu l'ennemi loin des murs de la capitale.

Les bulletins seront déposés entre les mains d'un bureau composé de :

Président : le chef de bataillon; *assesseurs :* capitaine Pradier, lieutenant Berton, sous-lieutenant Dage, sergent-major Flon, caporal Houdéon, garde mobile Baculier de la 3e.

Le vote commencera à 8 heures du matin et sera clos à 6 heures du soir et il aura lieu dans le cantonnement de la 5e compagnie, sous le hangar vitré.

Vu l'impossibilité de délivrer des cartes électorales, chaque compagnie successivement et les hommes qui la composent, déposeront leur bulletin dans l'urne, à l'appel de leur nom.

Les hommes de la 6e et de la 7e compagnie qui doivent prendre la grand'garde à midi voteront les premiers.

« Le vote d'aujourd'hui a donné les résultats sui-
« vants : Hommes présents : 1051. Pour le maintien
« du gouvernement : 1018.

« Les sous-officiers de notre compagnie et moi ne
« croyons pas nous tromper en estimant que la moitié
« au moins des 33 hommes qui ont voté non sont de
« de la 7e, attendu que nous avons dans notre com-
« pagnie, un garde mobile appelé G... qui se vante
« de faire partie de l'Internationale et qui a fait ou-
« vertement campagne pour faire voter contre le
« gouvernement.

« A dire vrai, je dois reconnaître que ce soldat a
« de la tenue et est très discipliné. »

4 Novembre.

Au Rapport. — Aujourd'hui, appels et exercices aux lieux habituels.

Ordre du Commandant. — Le résultat du vote du 3 novembre dans le 3e bataillon a été celui-ci : Sur 1.051 hommes présents qui ont pris part au vote, 1.018 ont donné au gouvernement de la défense nationale et au général qui le préside, le témoignage de leur confiance absolue dans leur dévouement à la patrie.

Est nommé au grade de caporal dans la 1re compagnie, le nommé Prévost, soldat à la même compagnie, en remplacement du caporal Simon, passé sergent.

« Malgré mes défenses les plus formelles, des coups de feu sont tirés dans l'intérieur du cantonnement. Dorénavant, quand un coup de feu sera tiré dans le cantonnement d'une compagnie et que je ne connaîtrai pas le coupable, la compagnie sera privée de permissions pendant 15 jours.

5 Novembre.

Au Rapport. — Le poste du bois des Minîmes est supprimé. La 2e compagnie sera seule de grand'garde avec les hommes punis. Aujourd'hui, les commandants de compagnie passeront la revue des effets d'habillement et de grand et petit équipement.

Ordre du Commandant. — Dans la nuit du 3 au 4 novembre, un sac de pommes de terre a été confié à la garde des hommes composant la grand'garde du 3e bataillon; ce sac a été vidé pendant la nuit. Quelques hommes ont eu l'indélicatesse de s'en approprier le contenu.

Ne connaissant pas les auteurs de cette soustraction, j'ai donné une heure à ceux qui l'avaient commise pour la réparer et rapporter le sac plein; la chose n'ayant pas été faite, la 6e compagnie sera privée de permission pendant 15 jours.

> « Nous avons entendu murmurer des hommes qui
> « prétendent connaître les auteurs de la soustraction
> « du sac de pommes de terre dont il est parlé dans
> « l'ordre du commandant, mais nous avons eu beau
> « insister, on n'a pas voulu nous les désigner. »

6 Novembre.

Au Rapport. — Aujourd'hui, la 3e compagnie sera de grand'garde.

Les sergents-majors devront désigner des hommes pour remplir les fonctions d'infirmier.

Continuation des travaux de défense pour les autres compagnies.

Ordre du Commandant. — Le sergent Lebrun, de la 3e compagnie, remplira les fonctions de sergent-fourrier à cette compagnie en remplacement du sergent-fourrier Pasquier, qui permute volontairement avec lui et reste attaché en qualité de sergent au petit dépôt.

« Je commence à être tout à fait familiarisé avec
« ma besogne de sergent-major ; mes écritures sont
« au courant et mon secrétaire Roubault me rend
« pas mal de services. Dans les moments de presse,
« j'ai aussi mon compatriote et ami, Jules Binet,
« caporal qui nous donne un coup de main, quand il
« n'est pas de service. »

7 Novembre.

Au Rapport. — Aujourd'hui, la 6e compagnie sera de
grand'garde.

Continuation des travaux de défense pour les autres
compagnies.

A l'appel de midi, on passera la revue des armes.

Par ordre du capitaine-adjudant-major, les hommes
punis de salle de police, seront conduits chaque jour au
poste de police, par le caporal de semaine et consignés au
sergent de garde ; ils partiront chaque jour, avec la grand'
garde et seront placés aux postes avancés.

Seuls, les sergents et caporaux punis de salle de police
restent à la salle.

8 Novembre.

Au Rapport. — La 1re compagnie sera de grand'garde.

Continuation des travaux de défense le matin. Exercices le soir.

La tenue des hommes pendant le jour sera la capote
sans veste, la veste sera pliée sur le sac.

On fera recoudre tous les boutons des capotes.

9 Novembre.

Au Rapport. — La 5e compagnie sera de grand'garde.
Travaux le matin. Appel à midi. Exercices le soir. École
pour les clairons.

Les commandants de compagnie s'assureront que les
boutons de capote sont recousus.

10 Novembre.

Au Rapport. — Travaux de défense. Appel à midi.
Exercices.

Les peaux de moutons distribuées dans chaque compagnie sont exclusivement réservées aux hommes de faction.

Ordre du Commandant. — Les nommés C... et B..., gardes mobiles à la 7ᵉ compagnie sont punis par le commandant de 4 jours de prison pour s'être appropriés le contenu du sac de pommes de terre confié à la grand' garde du 3ᵉ bataillon, dans la nuit du 3 au 4 novembre.

Les auteurs de cette soustraction étant connus, la punition infligée à la 6ᵉ compagnie est levée.

« Je n'ai rien noté à mon journal les 7, 8 et 9 no-
« vembre; ces trois journées s'étant écoulées sans in-
« cident ni sorties pour la 7ᵉ.

« Nous sommes bien contents à la 7ᵉ que les auteurs
« de la soustraction du sac de pommes de terre soient
« connus, cela supprime toutes les suspicions qui
« pouvaient s'égarer sur des innocents. »

11 Novembre.

Au Rapport. — Même service qu'hier.

Dans chaque compagnie, les commandants désigneront un homme pour porter les brancards pour les blessés, la 7ᵉ et la 8ᵉ en fourniront 2.

Si le temps le permet, terminer les travaux de défense.

Ordre du Colonel. — Le 21 octobre, votre colonel a eu le bonheur de pouvoir constater que les enfants de Seine-et-Marne étaient bien les dignes fils de ces valeureux soldats qui, au déclin du premier empire, à Montmirail, à Champeaubert et à Montereau, donnaient au monde l'exemple du courage et du patriotisme. Vous l'avez rendu bien fier, ce jour-là et votre général en chef vous a rendu pleine justice, lorsque dans son ordre du jour à l'armée, il traçait ainsi son sentiment sur vous :

« Les compagnies de zouaves, sous les ordres du com-
« mandant Jacquot, se trouvaient acculées dans l'angle
« que forme le parc de la Malmaison, au-dessous de la
« Jonchère et auraient été compromises, sans l'énergique
« intervention du bataillon de Seine-et-Marne qui est ar-
« rivé fort à propos pour les dégager, le bataillon s'est
« porté résolument sur les pentes qui dominent Saint-
« Cucufa, sa droite appuyée au parc de la Malmaison; il a
« ouvert un feu très vif sur l'ennemi qu'il a forcé à re-

« culer et a permis ainsi, aux 4 compagnies de zouaves,
« d'entrer dans le parc. »

Aujourd'hui, le gouvernement de la défense nationale
nous apprend que je puis annoncer au régiment qu'il a
mérité son estime et sa gratitude; il m'envoie, avec ses
patriotiques félicitations, le brevet d'officier de la Légion
d'honneur à M. Hervault, capitaine au 1er bataillon, le
brevet de chevalier de la Légion d'honneur à MM. Moisant, lieutenant; Bérard, sergent; Jolly, caporal au
même bataillon, et le brevet conférant la médaille militaire à MM. Nousse, sergent-major et Bergeron, garde
mobile au 1er bataillon.

De nouveaux combats se préparent; dans quelques jours,
espérons-le, vous serez de nouveau appelés à vous mesurer
avec les oppresseurs de notre chère et malheureuse patrie;
vous serez conduits au combat par les mêmes chefs qui
vous ont si bien dirigé le 21 octobre, et vous ferez tous
ensemble ce qu'ont si bien commencé ceux qui ont eu le
bonheur d'assister au combat du 21 octobre.

« Aujourd'hui, je suis allé à Paris, dans la soirée,
« chercher mon linge, et en reporter d'autre; j'ai
« trouvé mes cousins bien tristes, ils ont de jeunes
« enfants, ils sont sept à vivre et on commence à ra-
« tionner le pain et la viande. »

12 Novembre.

Au Rapport. — Continuation des travaux de défense.
Pas d'exercice.

13 Novembre.

Au Rapport. — Après l'appel de midi, exercice jusqu'à
2 heures, dans les avenues qui conduisent au village de
La Garenne.

Ordre du Commandant. — Le 38e régiment de garde
nationale mobile vient d'être avisé que, par décision ministérielle du 10 novembre, le lieutenant-colonel Franceschetti est promu au grade de colonel, et que le chef de
bataillon de Courcy est nommé lieutenant-colonel, en
remplacement de M. Franceschetti.

« La consigne sur l'extinction des feux, le soir,
« se relâche depuis plusieurs jours, et nous passons
« nos soirées assez agréablement jusqu'à 9 heures,

« quand on n'est pas de service ; on fait quelquefois
« la partie de cartes, mais plus souvent on se déride
« aux saillies de Deschamps, notre fourrier, qui est
« un vrai comédien. Les amis Roubault et Binet sont
« presque toujours des nôtres, et la soirée se termine
« souvent par un punch. »

14 Novembre.

AU RAPPORT. — Le poste avancé de 20 hommes et 1 officier que fournissait la grand'garde, étant supprimé, la grand'garde fournira le poste de police.

Exercice après l'appel de midi jusqu'à 2 heures.

« Nous avons vu aujourd'hui, pour la première
« fois, le colonel du régiment ; il est passé à cheval,
« pendant l'exercice, tantôt ; on faisait l'école de ti-
« railleurs, il est resté quelques instants à nous re-
« garder manœuvrer, et quand il est parti, il nous a
« paru qu'il était satisfait de la façon dont les mou-
« vements étaient exécutés. »

15 Novembre.

AU RAPPORT. — Après l'appel de midi, exercice jusqu'à 2 heures.

ORDRE DU COMMANDANT. — Par décision ministérielle, en date du 11 novembre, M. le baron de Lambert, capitaine commandant la 8e compagnie, a été nommé capitaine-adjudant-major au 3e bataillon du 38e régiment de garde mobile (Seine-et-Marne).

Demain, à 2 heures, il sera procédé aux élections au grade de capitaine : dans la 7e compagnie, en remplacement de M. de Coriolis, démissionnaire ; dans la 8e compagnie, en remplacement de M. le baron de Lambert, nommé adjudant-major, et, dans ces 2 compagnies, s'il y a lieu, aux élections en remplacement des officiers qui auront pu être nommés capitaines.

SUPPLÉMENT AU RAPPORT DU 15 NOVEMBRE. — Exercice tous les jours, de 7 heures et demie à 9 heures et demie du matin, sac au dos, et de 2 heures à 4 heures. Théorie sur l'instruction du tir, montage, démontage et entretien des armes ; sur le service des avant-postes, et la manière de reconnaître les rondes et patrouilles, et ce, par ordre du 12 novembre, du général en chef.

« Ce soir, nous apprenons par des permissionnaires
« rentrant de Paris qu'on a affiché une dépêche offi-
« cielle de Gambetta, annonçant que l'armée de la
« Loire aurait remporté un succès important sur les
« Allemands, à Coulmiers, ce qui nous remet un peu
« de baume dans le sang. »

16 Novembre.

Au Rapport. — Théorie de 1 heure à 2 heures pour les
sous-officiers et caporaux. La 7ᵉ compagnie sera de grand'
garde aujourd'hui.

Par ordre du colonel, les élections qui devaient avoir
lieu aujourd'hui, sont ajournées.

Tous les jours, une demi-escouade du 3ᵉ bataillon fournira la garde chez le colonel, afin que la nourriture des
hommes de garde leur soit plus facilement assurée.

Ordre du Colonel. — Pour faciliter les prises d'armes
la nuit, et les rendre plus promptes, chaque chef de bataillon devra faire loger le plus près possible de lui, l'adjudant-major et l'adjudant; ce dernier devra avoir, de
jour et de nuit, un planton de chaque compagnie, de
telle sorte qu'au premier ordre chacun d'eux puisse aller
prévenir sa compagnie, sans retard.

Il est possible, vu l'urgence, qu'un chef de bataillon
soit prévenu par le quartier général; il devra de suite
avertir le chef de corps; aussitôt on prendra les armes,
en ordre et sans bruit, chaque commandant réunissant son
bataillon par pelotons, face à l'ennemi, au centre et en
avant de son cantonnement, à moins d'ordres contraires.

En cas de prise d'armes générale, l'alerte sera donnée
par la batterie ou la sonnerie de la générale qui servira
d'ordre pour tout le monde.

Il est expressément défendu de faire aucune batterie
ou sonnerie de 6 heures du soir à 6 heures du matin.

La garde de la ligne de défense est assurée :

1° Depuis la Seine (au château de Bezons) jusqu'à l'intersection de la route de Colombes, par les 1ᵉʳ et 3ᵉ bataillons de Seine-et-Marne, cantonnés dans les maisons
sur ce parcours.

2° De ce point à l'intersection du chemin de fer et de
la route de Bezons, par un bataillon de zouaves.

3° De ce 3° point jusqu'au rond-point des Bergeries, par les 1er et 2e bataillons du 136e de ligne.

4° Sur l'extrême gauche, par le 3e bataillon du 136e de ligne et les mobiles des Côtes-du-Nord, du rond-point des Bergeries à l'usine à encre.

5° Du glacis du Mont-Valérien à la Seine en avant de Suresnes, par deux bataillons des mobiles du Morbihan.

Chacun des bataillons de la ligne de défense fournira une grand'garde d'une compagnie, en avant de son front.

La garde de l'ouvrage du moulin des Gibets sera assurée par les bataillons de réserve.

Le service des avant-postes en 1re ligne est assuré :

1° A droite, par un bataillon de zouaves, en permanence à l'usine des produits chimiques.

2° Au centre, par le bataillon des Franc-tireurs des Ternes, en permanence à Nanterre.

3° Et sur la gauche, par un des bataillons de mobiles, en permanence au moulin des Gibets.

17 Novembre.

Au Rapport. — Le rapport aura lieu à 9 heures, les sergents-majors y viendront, après avoir assisté à la première pause de l'exercice.

Immédiatement après l'appel, il sera passé, par les commandants de compagnie, une revue de détail ; on s'assurera que les hommes ont bien 90 cartouches, non compris les 4 qui seront consommées demain au tir à la cible.

Chaque compagnie ira successivement au tir, la première à 7 heures et quart, la 2e à 8 heures trois quarts, la 3e à 10 h. 45, et la 4e à 12 h. 45.

Chaque commandant de compagnie fera dresser un état nominatif des hommes qui auront mis des balles dans la cible, avec indication du nombre de balles.

Chaque homme tirera à 200 mètres, 2 balles debout et 2 balles à genoux.

Ordre du Commandant. — A partir d'aujourd'hui, le 3e bataillon fera alternativement, de deux jours l'un, à l'exercice du matin, l'école de bataillon et l'école de peloton ou de tirailleurs.

« Je n'ai rien eu à noter hier, puisque je suis parti
« à 11 heures et demie, à la grand'garde avec la com-
« pagnie, et que nous ne sommes rentrés au canton-
« nement qu'à une heure aujourd'hui.

« Nous avons fait notre grand'garde près du pont
« de Bezons, dans les maisons au bord de la Seine,
« toutes inhabitées, puisque les Prussiens sont de
« l'autre côté du fleuve.

« On a fait sauter, au début de l'investissement,
« le pont, et à chaque bout du pont resté debout, il
« y a une sentinelle allemande et une française, qui,
« par une convention tacite, ont l'ordre de ne pas
« se tirer dessus. N'étant détaché dans aucun petit
« poste, je suis resté tout le temps au poste princi-
« pal, faisant alternativement des rondes avec le lieu-
« tenant. »

18 Novembre.

Au Rapport. — Par ces temps de brouillard intense,
les commandants des avant-postes devront augmenter le
nombre des factionnaires, de manière à ce que chacun
d'eux puisse voir celui qui est à sa droite, et que la ligne
ne puisse être franchie, sans que l'éveil soit donné ; la
nuit les factionnaires devront être à portée de voix.

Ordre du Commandant. — Par décision ministérielle
du 15 novembre, M. du Charmel est nommé officier d'ordonnance du colonel commandant la brigade. Le colonel
me communique l'ordre général suivant :

« MM. les Colonels voudront bien faire procéder au
« remplacement des officiers manquants dans les régi-
« ments de garde mobile, par voix d'élection, et ils en-
« verront le plus tôt possible, le procès-verbal de ces élec-
« tions ; on profitera de la revue de dimanche pour faire
« reconnaître ces officiers. »

Les élections auront lieu demain, à 8 heures, selon les
règles établies lors des premières.

A dix heures, le résultat des élections et les procès-
verbaux seront rendus chez le lieutenant-colonel.

« Le résultat des élections de demain est facile à
« prévoir, il résulte des conversations recueillies dans
« la compagnie, que M. de Bondy sera élu capitaine,
« M. Truinet, lieutenant, et notre camarade, le ser-
« gent Levasseur, sera élu sous-lieutenant. »

19 Novembre.

Au Rapport. — Pour les compagnies qui ne sont pas de service, appels et exercices comme d'habitude.

Ordre du Commandant. — Le régiment sera passé en revue demain dimanche, par le général de brigade, à 7 heures du matin. Le bataillon doit donc s'y préparer et se tenir prêt, la tenue sera la suivante : capotes avec pans relevés, la veste sous la capote, guêtres blanches, pantalons dans les guêtres, les hommes auront leur sac ne contenant que l'ordonnance, la demi-couverture roulée dans la tente, les bâtons et piquets de tente appliqués et liés ensemble sur le côté gauche du sac, la cartouchière contenant seulement 4 paquets de cartouches, la musette pendant sur le côté gauche, contenant le reste des cartouches, le petit bidon et le quart pendant sur le côté droit.

Le colonel recommande la plus grande exactitude dans chaque bataillon pour se conformer aux ordres ci-dessus, afin que le régiment ait un ensemble de bonne tenue et de régularité, et il est certain d'avance que, pour la première fois où les bataillons seront réunis, chacun rivalisera de zèle pour concourir à la bonne impression que chacun doit laisser dans l'esprit du général.

Les officiers de santé avec leurs porte-brancards et leurs porte-sacs, ayant chacun le brassard d'ambulance, se placeront en arrière de la ligne du bataillon, à six pas derrière les serre-files.

Les sections et demi-sections seront formées dans chaque peloton afin que, si, après la revue, quelques mouvements sont commandés, on soit prêt à toute éventualité.

    « Les élections faites dans notre compagnie aujour-
« d'hui n'ont fait que réaliser mes prévisions d'hier :
« M. de Bondy, lieutenant, est élu capitaine ; M.
« Truinet, sous-lieutenant, est élu lieutenant, et M.
« Levasseur, sergent, est élu sous-lieutenant.

    « Tous, les sous-officiers, nous nous félicitons de
« ces résultats, car le nouveau capitaine est très ai-
« mé. Le lieutenant Truinet, ancien soldat de l'ac-
« tive est un très bon manœuvrier, et le sous-lieute
« nant Levasseur n'oubliera pas, nous en sommes
« sûrs, les bonnes relations de camaraderie qu'il a
« eues avec nous, comme sous-officier. »

20 Novembre.

Au Rapport. — Demain, tir à la cible, la 6ᵉ compagnie partira à 6 h. 15, la 6ᵉ à 10 heures, la 7ᵉ à midi et la 8ᵉ à 2 heures.

Exercices pour les autres compagnies.

> « Nous avons eu ce matin la revue du général par
> « un temps sombre et brumeux, sans eau, heureuse-
> « ment; on ne nous a fait faire aucun mouvement
> « à cause de l'état de la route, mais nous n'en sommes
> « pas moins rentrés crottés comme des barbets.

> « Le chef de bataillon a réuni les officiers au re-
> « tour et leur a fait part des félicitations du général;
> « félicitations qui devront être transmises aux
> « hommes à l'appel, ce qui a été fait. »

21 Novembre.

Au Rapport. — Appels et exercices pour les compagnies qui ne vont pas au tir à la cible.

Ordre du Commandant. — Par suite des élections du 19 novembre.

M. de Bondy a été promu au grade de capitaine dans la 7ᵉ compagnie.

M. Truinet, au grade de lieutenant et M. Levasseur, au grade de sous-lieutenant dans la même compagnie.

Ces officiers prendront leur service immédiatement, ils seront reconnus dans leur nouveau grade à la première prise d'armes du bataillon.

Le sergent-major Flon est désigné pour remplir, par intérim, les fonctions d'adjudant-sous-officier pendant l'absence de l'adjudant Sévenet.

> « Depuis la formation du bataillon, je n'ai jamais
> « pu aller au tir à la cible; cette fois encore, j'ai dû
> « rester au cantonnement pour établir des états de-
> « mandés pour ce soir par le commandant.

> « Le capitaine m'a dit qu'il était assez satisfait
> « du tir des hommes de la compagnie. »

22 Novembre.

Au Rapport. — Appels et exercices aux heures ordinaires pour les compagnies qui ne sont pas de service.

« Journée calme et sans incidents; vers 8 heures,
« ce soir, on est venu me chercher pour aller dans le
« jardin de la maison où se trouvent nos chambres,
« nous rendre compte de l'effet des projections élec-
« triques, faites sur toute notre région, au moyen
« d'appareils placés sur les tours Notre-Dame; c'est
« vraiment très intéressant; lorsque les rayons
« passent sur notre cantonnement, on se croirait en
« plein jour.

« Il paraît qu'avec ces projections, on peut éclai-
« rer jusqu'aux avant-postes ennemis. »

23 Novembre.

Au Rapport. — Le commandant recommande aux officiers de grand'garde de veiller à ce que les postes soient
en complet état de propreté, au moment où ils sont relevés.

Il leur rappelle aussi que les peaux de moutons qui leur
sont remises en consigne sont sous leur responsabilité per-
sonnelle.

Ordre du Commandant. — Par ordre du général commandant la brigade, la punition du caporal B..., de la
2ᵉ compagnie, qui avait eu 8 jours de prison pour avor tiré
des coups de fusil étant de garde, est portée à 30 jours de
prison et la punition du nommé C..., pour réponse incon-
venante à son fourrier est augmentée de 7 jours de prison.

Malgré les recommandations les plus expresses, des
coups de fusil sont tirés dans le cantonnement par des
gardes mobiles du bataillon. A la première fois qu'un cas
semblable se produira, il sera commandé, dans chaque
compagnie, un poste de 20 hommes fournissant 5 factionn-
naires qui seront chargés exclusivement de surveiller et
arrêter les incorrigibles qui persistent à enfreindre des défenses si souvent formulées.

« Il est exact que, presque toutes les nuits, on en-
« tend des coups de feu, nous supposons que ce sont
« toujours les mêmes et nous voudrions bien les voir
« prendre, car il est extraordinaire qu'avec des car-
« touches à balles, il ne soit pas encore arrivé d'acci-
« dents. »

24 Novembre.

Au Rapport. — La 7ᵉ compagnie sera de grand'garde aujourd'hui. Appels et exercices pour les autres compagnies.

Ordre du Commandant. — Le chef de bataillon rappelle l'ordre donné précédemment que, parmi les hommes punis les simples gardes mobiles doivent être seuls envoyés à la grand'garde; les sous-officiers et caporaux doivent rester à la salle de police ou à la prison; il rappelle encore que les salles de police ou de prison doivent être rigoureusement fermées et que personne, sous aucun prétexte n'en doit sortir; le sergent de garde est particulièrement chargé de ces surveillances et toute infraction nouvelle, qui serait commise, serait punie avec la plus grande sévérité.

> « Avant de partir à la grand'garde, nous avons
> « constaté plusieurs passages de troupes se dirigeant
> « sur Paris. »

25 Novembre.

Au Rapport. — Appels et exercices pour les compagnies qui n'ont pas de service commandé. Les commandants des compagnies, dont le boni d'ordinaire dépasserait 600 francs, cesseront les retenues à partir d'aujourd'hui, jusqu'à nouvel ordre.

Ordre de la Brigade. — La brigade sous mes ordres partira le dimanche 27, après la soupe du matin, on fera connaître plus tard la destination qu'elle doit avoir. Samedi, elle prendra dans la journée 8 jours de vivres, deux de pain et six de biscuit, elle fera ses petits ballots et les hommes n'emporteront sur le sac que les vivres, les cartouches, une chemise, une paire souliers de rechange et la tente-abri. Les demi-couvertures seront versées à l'intendance en même temps qu'on prendra les vivres.

Les petits ballots seront réunis par compagnie et placés pour chaque régiment, sous la garde d'un officier, un sergent, 4 caporaux et 100 hommes, pris parmi les malingres et les mauvais marcheurs.

Les petits ballots seront placés avec les voitures et le bagages des officiers, dans des locaux reconnus à l'avance, sur les emplacement actuels des troupes.

Aucune cantine ne sera tolérée à la suite avec des mulets ou des voitures de transport. Tout bagage porté indûment, en dehors des instructions données, sera repoussé et une punition des plus exemplaires avec mise à l'ordre de la brigade signalera l'auteur de l'infraction, quel que soit son grade.

Les chefs de bataillon qui, après avoir fait compléter à 108, le nombre de cartouches prescrit, en auront en plus, devront faire connaître le nombre de ce surplus; ceux qui en auront en moins feront une demande.

Autorisation à MM. les chefs de bataillon d'avoir des provisions de tabac pour leurs hommes, sur le boni de l'ordinaire, le tabac devant manquer dans l'opération qui va être entreprise.

« Rentrés de la grand'garde aujourd'hui, à une
« heure, je mets mes notes au courant.

« C'est toujours au pont de Bezons que nous allons
« et je suis resté au poste principal avec le capitaine,
« n'ayant pas de service spécial comme à l'habitude,
« nous avons fait des rondes et tout s'est passé sans
« incident.

« Notre compagnie ayant exactement aujourd'hui
« 819 fr. 98 de boni d'ordinaire. Nos hommes vont
« pouvoir toucher leur prêt-franc.

« On commente l'ordre qui a été lu à l'appel, mais
« en général, tout le monde est prêt à marcher car
« le métier que nous faisons depuis 6 semaines énerve
« les hommes et les officiers. »

26 Novembre.

Au Rapport. — Appels et exercices pour les compagnies n'ayant pas de service.

Ordre du Colonel. — Le 3° bataillon est chargé de défendre le front occupé par le régiment, les 1er et 2e bataillons partiront dimanche, après la soupe; on se conformera aux différents ordres de la brigade et de la division.

La caserne de Courbevoie est désignée comme devant servir de magasin pour les effets des 1er et 2e bataillons.

MM. les chefs des bataillons partants, devront envoyer aussitôt cet ordre, un état des officiers en mauvaise santé qui se proposent de rester au dépôt, avec le détachement qui gardera les bagages.

Le colonel, au rapport, choisira deux d'entr'eux pour rester avec les hommes malingres qui ne doivent pas être plus de 33 par bataillon.

> « Nous étions bien en train, à la 7e, de nous pré-
> « parer pour partir demain, lorsque l'ordre du colo-
> « nel disant que le 3e bataillon restait, est venu tout
> « changer; nous nous demandons pour quelles rai-
> « sons notre bataillon reste toujours au cantonne-
> « ment quand les autres marchent, mais personne
> « ne peut l'expliquer.

> « Dans plusieurs compagnies, notamment à la 5e
> « et à la 6e, les sous-officiers font circuler une péti-
> « tion au colonel demandant à marcher. Ici, à la 7e,
> « nous croyons bien faire en nous en tenant aux
> « ordres donnés. »

27 Novembre.

AU RAPPORT. — Appels et exercices comme d'habitude pour les compagnies n'ayant pas de service.

ORDRE DU COMMANDANT. — Sont nommés dans la 7e compagnie, au grade de sergent : Charbonnier, caporal à la même compagnie. Au grade de caporal, Dony, garde mobile à la même compagnie.

> « Ce matin, au moment de la soupe, comme je tra-
> « versais le cantonnement de la 6e escouade de notre
> « compagnie, je m'entendis appeler par un soldat de
> « cette escouade, un nommé Brugnon, qui me dit :
> « Voulez-vous manger une cuisse de lapin? J'entrai
> « et je vis l'escouade autour de la grande gamelle
> « qui contenait un ragoût fort appétissant ma foi;
> « j'acceptai une cuisse du soi-disant lapin qu'on m'a
> « dit après être un chat, et j'avoue que j'ai trouvé
> « ce morceau excellent et qu'on pouvait le manger
> « pour du lapin. »

28 Novembre.

AU RAPPORT. — La 7e compagnie sera de grand'garde demain, exercices et appels pour les autres compagnies.

> « Le départ des 1er et 2e bataillons va rendre notre
> « service encore plus dur et nous aurons le service de

« grand'garde tous les 4 jours; heureusement que le
« temps n'est pas encore trop froid, mais il est hu-
« mide et plutôt malsain.

29 Novembre.

Au Rapport. — Appels et exercices, pour les compagnies qui ne sont pas de service.

30 Novembre.

Au Rapport. — Appels et exercices comme d'habitude,
pour les compagnies qui ne sont pas de service.

« Nous avons pris, hier à midi, notre grand'garde
« en avant de l'ouvrage du Moulin du Gibet; cette
« fois, j'avais le commandement d'un poste de 30
« hommes avec 4 sentinelles dont une devant le
« poste.

« Nous avons eu la visite de 3 rondes; pour les 2
« premières, tout s'est bien passé, mais à la 3e, faite
« par un officier supérieur de mobiles, vers minuit,
« cet officier est entré dans le poste sans avoir été
« arrêté par la sentinelle, il m'a demandé mon nom
« et le numéro de mon bataillon et de mon régiment,
« s'est retiré après avoir consigné ses observations sur
« le cahier du poste.

« Rentrés aujourd'hui, à une heure, l'adjudant m'a
« fait appeler pour m'annoncer que j'étais puni de
« 8 jours de prison par le général, pour négligence
« dans le service des avants-postes, et mon capitaine
« avait 8 jours d'arrêt pour la même cause (la même
« faute que moi avait été commise dans le poste qu'il
« commandait).

« Il faut bien que je me résigne puisqu'il n'y n'a
« pas à réclamer; mais, comme je sais que les ser-
« gents-majors punis de prison ne sont tenus d'au-
« cun service, je jure bien de n'en faire aucun
« quand je serai coffré.

« Il paraît qu'on s'est battu aujourd'hui un peu
« partout autour de Paris, mais que ce ne serait
« qu'une préparation à la grande sortie qu'on doit
« tenter ces jours-ci. »

1ᵉʳ Décembre.

Au Rapport. — Appels et exercices pour les compagnies qui ne sont pas de service.

> « Après le rapport, aujourd'hui, l'adjudant sous-
> « officier est venu me chercher au cantonnement,
> « pour me conduire à la prison qui se trouve être
> « celle de la caserne de Courbevoie ; j'ai laissé le ser-
> « vice et la comptabilité à mon fourrier Deschamps,
> « et nous sommes partis à la caserne où j'ai été en-
> « fermé à la prison juste à 11 heures, en même temps
> « que le sergent Lucas, de la 8ᵉ, puni de 4 jours.

> « La journée n'a pas été trop triste, nous pouvions
> « fumer et jouer aux cartes.

> « Vers 4 heures, le fourrier est venu de la part du
> « capitaine, me demander d'établir la situation jour-
> « nalière et la feuille de prêt du 1ᵉʳ au 5, j'ai répondu
> « que je ne faisais aucun service de comptable.

> « Nous avons passé la nuit sur la paille, avec des
> « couvertures ; malgré cela, nous n'avons pas eu
> « chaud. »

2 Décembre.

Au Rapport. — Exercices et appels comme à l'habitude, pour les compagnies qui ne sont pas de service.

Ordre du Commandant. — A 2 heures et demie précises un clairon partira du pont du chemin de fer, sur
la route de Colombes, et remontera la rue de Colombes
et les rues qui la prolongent, jusqu'à la rue Dupuytren ;
il sonnera la générale au pont du chemin de fer devant
le cantonnement de la 5ᵉ compagnie, sur la place de
l'Eglise, sur la place de la Mairie et à l'angle de la rue
Dupuytren ; à cette sonnerie toutes les compagnies en armes doivent prendre le poste qui leur a été assigné pour
la défense du cantonnement, en cas d'alerte.

> « Ce matin, à 9 heures, après le rapport, l'adjudant
> « est venu me dire que ma punition était levée et
> « m'a fait sortir en me disant que j'aille chez le com-
> « mandant qui voulait me voir.

> « C'est ce que je fis aussitôt, et le commandant m'a
> « dit que c'était sur la demande du capitaine, ap-
> « puyée fortement par lui, que ma punition avait

« été levée, me recommandant, à l'avenir, d'avoir
« plus conscience de la grave responsabilité qui in-
« combe aux chefs des postes devant l'ennemi.

« Il a ajouté qu'en raison de mes bonnes notes et
« de l'estime qu'il avait pour moi, ma punition ne
« figurerait pas sur mon livret.

« En rentrant, je suis allé remercier mon capitaine,
« dont les arrêts ont été levés aussi, et j'ai repris
« mon service avec plaisir, ce qui enchantait mon
« fourrier autant que moi.

« On dit qu'il y a eu aujourd'hui une bataille sé-
« rieuse à Champigny, qu'elle dure depuis le 1er;
« on n'en connaît pas encore l'issue. »

3 Décembre.

Au Rapport. — Le bataillon de Seine-et-Marne prendra ses dispositions pour aller se cantonner de l'autre côté
de l'eau; il partira dès que ces dispositions seront prises;
on évacuera immédiatement les magasins et dépôts. Le
mouvement commencera à 2 heures et demie.

« Nous sommes arrivés ce soir, à 4 heures, dans
« l'avenue de Neuilly, et on nous a indiqué nos can-
« tonnements dans la partie droite de cette avenue
« (côté du bois de Boulogne), près la porte Maillot;
« la 7º compagnie s'est trouvée en partie cantonnée
« dans 2 maisons de cette avenue, presque les pre-
« mières, et nous nous y trouverons bien, je pense,
« car tout est parqueté.

« Les résultats de l'affaire de Champigny sont mau-
« vais, nous avons dû abandonner le terrain dont
« l'ennemi avait été chassé. Hélas! c'est toujours
« la même chose, et on commence à murmurer fort,
« même dans notre bataillon. »

4 Décembre.

Au Rapport. — Faire les bons de vivres pour trois
jours. Aujourd'hui, exercice après-midi, avenue de
Neuilly.

Les sergents-majors donneront immédiatement l'adresse
des officiers.

« Comme on ne nous distribuera du bois que pour
« la cuisine, et qu'il fait très froid, les hommes sont

« allés dans le bois de Boulogne couper du bois vert
« pour faire du feu dans les cantonnements, une fois
« le feu bien allumé, le bois vert brûle aussi bien que
« le sec. »

5 Décembre.

Au Rapport. — L'exercice aura lieu, aujourd'hui, en
capote avec sac, courroies roulées.

« Nous sommes dans un autre monde ici; plus de
« service de garde, on dit que nous devons y rester
« trois semaines pour nous reposer. »

6 Décembre.

Au Rapport. — Tous les hommes viendront à l'appel
de midi, avec la capote, la veste sous la capote, et sac au
dos.

Aujourd'hui, après l'appel de midi, exercice pour la
défense des barricades, par les 4°, 5°, 6° et 7° compagnies

Supplément au Rapport du 6 Décembre. — On se tiendra prêt à partir à toute heure de la nuit, les sacs seront
tout faits, des ordres seront donnés aux voitures du train
pour prendre les bagages des officiers.

Toutes les compagnies consignées. Les sacs devront être
faits de manière à ce qu'il n'y ait plus que la couverture
à rouler sur le sac.

7 Décembre.

Au Rapport. — Après l'appel de midi, exercice pour
toutes les compagnies.

« Toute la dernière nuit, nous avons été sur le
« qui-vive, mais il n'y a eu aucune alerte, et aujour-
« d'hui la journée s'est passée dans le calme. »

8 Décembre.

Au Rapport. — Aujourd'hui, à 10 heures, démontage
et nettoyage des armes; à une heure, revue des armes
dans les chambres par les officiers, les sergents-majors
rendront compte de cette revue demain au rapport.

« Toute la journée les troupes qui ont assisté aux
« affaires des 30 novembre, 1er et 2 décembre ont pas-

« sé sur l'avenue pour aller reprendre leur précédent
« cantonnement ; elles paraissent bien découragées et
« disent qu'on ne fait des tentatives de sortie que
« pour lasser tous les défenseurs et leur faire deman-
« der la paix.

« On dit même que certains bataillons ont refusé
« de recevoir les cartouches qu'on voulait leur distri-
« buer pour compléter le nombre prescrit. »

9 Décembre.

Au Rapport. — Exercice après l'appel de midi pour
toutes les compagnies.

« Ayant obtenu la permission de la journée, au-
« jourd'hui, je suis allé déjeuner chez les cousins
« Goussault, à Grenelle, et j'étais bien heureux de
« leur apporter de quoi déjeuner ; avec le concours
« de l'ami Deschamps, fourrier, j'ai pu leur empor-
« ter un morceau de cheval d'environ 1 kilogramme
« sans os, avec quoi on a fait des bifteacks pour toute
« la famille ; ces pauvres amis ont fait un repas
« comme ils n'en ont pas fait depuis plus d'un mois.

« Dans l'après-midi, j'ai fait quelques visites à des
« connaissances, et suis rentré à 5 heures pour dîner.

« J'ai entendu bien des plaintes dans Paris et si
« cela dure encore longtemps, il y aura rudement
« de la misère ; ces malheureux Parisiens n'ont pour
« se consoler que les nouvelles, la plupart du temps
« fausses, qui circulent tous les jours. Ces jours der-
« niers, on disait que l'armée de la Loire avait été
« battue à Beaune, et aujourd'hui on annonce qu'elle
« est à Fontainebleau prête à faire sa jonction avec
« l'armée de Faidherbe. »

10 Décembre.

Au Rapport. — Demain, à 10 heures, inspection du
commandant sur le lieu ordinaire de réunion du bataillon.
La tenue sera la capote avec la veste dessous, sacs, campement, guêtres blanches, pantalon dans la guêtre et
armes.

Aujourd'hui, après l'appel de midi, tous les hommes
seront consignés dans le cantonnement pour se préparer
à l'inspection du lendemain.

Après l'inspection, le chef de bataillon passera dans plusieurs compagnies pour voir si les chambres sont tenues propres et les effets rangés.

« De nouveaux bruits nous viennent de Paris. L'ar-
« mée autrichienne serait entrée en Prusse, et la Rus-
« sie chercherait querelle à l'Angleterre; ces nou-
« velles (auxquelles aucun de nous ne peut croire)
« devraient bien se confirmer, cela améliorerait notre
« situation qui est bien près d'être désespérée.

« On chuchote dans le cantonnement que le chef
« de bataillon va nous quitter.

« Depuis 2 jours, il gèle très fort et nous avons
« aujourd'hui près de 10 degrés au-dessous. »

11 Décembre.

Au Rapport. — Demain, appel à midi et exercice après. Les sergents-majors enverront un état des hommes dont les armes ont besoin de réparations.

« Nous avons eu ce matin, la revue du comman-
« dant, par un froid très vif, aussi cela n'a pas duré
« longtemps, les hommes tremblaient sous la bise,
« aussi est-on rentré au cantonnement au pas gym-
« nastique. »

12 Décembre.

Au Rapport. — Le bataillon prendra les armes aujour-d'hui, à 10 heures, sans sacs, on prendra seulement l'étui-musette, un morceau de pain et les cartouches.

Dans le cas où le mouvement n'aurait pas lieu, les postes seront relevés à l'heure habituelle.

« L'alerte annoncée ce matin n'a pas eu lieu à
« cause du temps, le dégel étant survenu dans la ma-
« tinée, et ayant produit du verglas; nous avons fait
« l'exercice l'après-midi. »

13 Décembre.

Au Rapport. — Aujourd'hui, la 7ᵉ compagnie sera de piquet. Demain appel en armes et sac au dos, à midi; exercice ensuite.

Ordre du Commandant. — La permutation entre le ser-gent-fourrier Bastier, de la 6ᵉ compagnie, et le sergent

Hersé, de la même compagnie, et consentie par le capitaine de la compagnie, est autorisée par le chef de bataillon et comptera à partir de demain.

« Aujourd'hui, la compagnie étant de piquet, nous
« n'avons eu aucun service. Cornuet, mon brosseur
« ayant une permission, est allé à Paris ; j'en ai pro-
« fité pour le charger de m'acheter des chaussettes
« et des mouchoirs, car ceux qui me restent sont en
« mauvais état.

« La neige tombe à gros flocons, et elle n'a pas
« l'air de fondre. »

14 Décembre.

Au Rapport. — A l'appel de midi qui aura lieu en armes et sac au dos, le capitaine de semaine, après le roulement de l'appel, fera aligner les pelotons par les sergents-majors, qui feront ouvrir les rangs ; une fois l'appel fait et rendu les officiers passeront la revue de leurs hommes et, cette inspection passée, il feront serrer les rangs, former le cercle et feront donner lecture du rapport et ordres.

Chaque compagnie doit avoir son cahier d'ordinaire, les dépenses et recettes doivent figurer à chaque prêt ; on ne manquera pas de verser à l'ordinaire, le prêt des hommes punis de prison.

Ordre du Commandant. — Au moment de quitter le commandement du 3ᵉ bataillon de Seine-et-Marne, pour celui du 6ᵉ régiment des mobiles de la Seine, le chef de bataillon exprime à ses camarades les officiers, sous-officiers et soldats, ses regrets de se séparer d'eux ; il remercie les officiers du concours dévoué qu'ils lui ont prêté et témoigne hautement du bon esprit, de la bonne volonté et de la discipline de la troupe, qui lui ont facilité l'accomplissement des rigoureux devoirs du commandement.

Ces excellentes traditions se continueront sous la direction du nouveau chef de bataillon.

Signé : Quillet-Saint-Ange.

Ordre de la Place. — Chaque bataillon fournira tous les jours, une corvée de 40 hommes pour aller au bois, dans le bois de Boulogne ; cette corvée sera commandée par un sergent et 3 caporaux ; elle sera rendue dans le bois, à côté du restaurant Gillet, aujourd'hui 14, à 2 heures, et tous les jours suivants, à midi ; le bois sera enlevé à raison de 2 stères par jour par bataillon, sous la surveillance d'un sous-officier de la place.

Ce sous-officier sera assisté, par ordre, d'un piquet de 12 hommes et d'un caporal ; ce piquet sera commandé au rapport.

Désormais, il est interdit d'aller isolément au bois dans le bois de Boulogne.

> « Il fait toujours très froid, et en raison des ordres
> « de la place disant que chaque bataillon aura droit
> « à 2 stères par jour, nous nous demandons comment
> « on s'y prendra pour se chauffer attendu qu'on éva-
> « lue à un demi-stère ce que chaque compagnie brûle
> « par jour, mais l'un de nous dit : « Ne vous tour-
> « mentez pas, les hommes sont débrouillards, et ils
> « se chaufferont comme avant. »

15 Décembre.

Au Rapport. — Appel à midi, exercice ensuite.

Ordre général. — Le général commandant la division porte à la connaissance des officiers, sous-officiers et gardes mobiles du 3ᵉ bataillon de Seine-et-Marne, qu'en attendant la nomination du chef de bataillon devant remplacer M. Quillet-Saint-Ange, nommé lieutenant-colonel, le commandement du bataillon sera remis au capitaine Barradez, commandant la 2ᵉ compagnie.

> « Hier soir, les officiers se sont réunis pour voter
> « pour le chef de bataillon et c'est le capitaine Bella-
> « my, de la 6ᵉ compagnie, qui a été élu ; mais il est
> « probable que cette élection n'aura pas de suite, car
> « il est question de rapporter le décret ordonnant
> « l'élection des officiers et de les faire nommer par
> « le gouvernement.
>
> « Nous n'avons pas trop souffert du froid à l'exer-
> « cice, car on nous fait faire l'école de bataillon où
> « il faut marcher tout le temps. »

16 Décembre.

Au Rapport. — Après l'appel de midi, théorie dans les chambres par les officiers.

Ordre du Commandant. — Le clairon Thierry, de la 1re compagnie, est nommé à l'emploi de caporal-clairon.

M. Dage, sous-lieutenant à la 8e compagnie, est désigné comme adjoint à l'officier-payeur.

« En raison du froid persistant, on a remplacé « l'exercice par des théories; on ne s'en plaint pas.

« J'ai dîné ce soir comme invité avec Dage, sous-« lieutenant et Latombe, sergent-major à la 8e; du « reste nous sommes en relations très amicales avec « les sous-officiers de la 8e, et Dage, avant d'être élu « officier, en était le sergent-major. »

17 Décembre.

Au Rapport, 7 heures du matin. — Le bataillon prendra immédiatement les armes, sans sacs, avec étui-musette et cartouches, et se réunira sur l'avenue pour partir à 8 heures; on emportera le déjeuner froid.

« La prise d'armes d'aujourd'hui avait pour but « d'aller protéger des travailleurs, à la redoute de la « maison brûlée, en avant du Mont-Valérien; le « temps s'est mis au dégel, il a fait très doux, mais « les chemins étaient impraticables.

« Pendant cette garde, le Mont-Valérien et la re-« doute ont envoyé quelques obus sur les travaux que « les Prussiens font dans le bas du parc de la Mal-« maison; c'était la première fois que nous enten-« dions siffler les boulets au-dessus de nos têtes, et « cela produit une certaine impression.

« Ce jour-là, avec quelques sous-officiers nous avons « poussé une pointe jusqu'à Rueil, où les habitants « sont presque tous restés et où on a établi à la mai-« rie une ambulance française.

« Nous étions rentrés au cantonnement à 6 heures.

18 Décembre.

Au Rapport. — Aujourd'hui, la 3e compagnie sera de piquet. A midi, théorie dans les chambres par les sous-officiers sur le service de place.

« Il est passé dans la journée, aujourd'hui, des « troupes, surtout de l'artillerie, se dirigeant sur « Courbevoie. Plusieurs bataillons cantonnés comme

« nous à Neuilly, ont reçu aujourd'hui l'ordre de
« partir demain dès le point du jour pour une desti-
« nation inconnue ; sans doute on va recommencer
« par ici la tentative manquée sur Champigny.

19 Décembre.

Au Rapport. — Après l'appel de midi, exercice. Théorie à 3 heures pour les sous-officiers chez l'adjudant.

Ordre du Commandant. — Le garde mobile Chomé Ar-
thur, de la 1re compagnie, est nommé caporal à la même
compagnie, en remplacement du caporal Houdion, passé
au 1er bataillon de la Seine.

« Aujourd'hui nous avons vu passer les compagnies
« de marche de la garde nationale sédentaire, se di-
« rigeant aussi sur Courbevoie en chantant et criant :
« A bas les Prussiens ! ils étaient suivis par des voi-
« tures pleines de vivres et de boissons.

« Nous voudrions bien les voir à l'œuvre ; il y en a
« beaucoup qui ne seraient pas si crânes devant l'en-
« nemi que là. »

20 Décembre.

Au Rapport. — Aujourd'hui, exercice après l'appel.

Les commandants de compagnie désigneront ce soir les
hommes les plus valides pour marcher demain ; ils en feront connaître le chiffre à l'adjudant, afin qu'on puisse
former un bataillon de 7 compagnies à 100 hommes chacune. Les hommes mettront leurs armes en bon état, on
mangera la soupe à 6 heures, et on se tiendra prêt à prendre les armes à la première sonnerie ; on prendra les sacs,
tentes-abris et bidons, ainsi que des vivres pour la soirée.
Le docteur veillera à ce que les brancards partent avec le
bataillon.

« Toute la journée, le chemin de fer de Ceinture
« a débarqué des troupes aux gares voisines, et on
« s'attend à une grande affaire par ici demain ou
« après.

« Malgré les préoccupations que ces préparatifs
« nous causent, j'ai passé une bonne soirée chez le
« capitaine Solard, de la 5e, qui avait réuni chez lui
« tous les sergents-majors de la formation du batail-

« lon ; on a fait un punch monstre, et la soirée s'est
« passée gaiement. C'est toujours autant de pris en
« passant. »

21 Décembre.

Pas de Rapport.

« Le bataillon est parti ce matin, à 6 heures, du
« côté du Mont-Valérien ; nous sommes restés massés
« au pied du fort jusqu'à 2 heures, à ce moment, un
« officier d'Etat-major est venu causer au capitaine
« Barradez, commandant le bataillon, et, aussitôt,
« nous avons repris le chemin de notre cantonnement.

« Nous ne comprenons rien à tous ces mouvements ;
« certains disent qu'il s'agit là de démonstrations
« faites pour tromper les Prussiens sur nos inten-
« tions. »

22 Décembre.

Au Rapport. — Exercice après l'appel de midi. Théorie pour les sous-officiers, à 3 heures, chez l'adjudant-major.

Ordre du Colonel. — Par décision ministérielle, le
chef de bataillon Breton, du bataillon de Meaux, est désigné pour commander le 3ᵉ bataillon ; il sera reçu par le
bataillon en armes, à l'appel de midi, demain.

« Comme je l'ai déjà dit, le gouvernement a décré-
« té que les officiers ne seraient plus nommés à l'élec-
« tion, à la date du 19 courant je crois. Tous ici nous
« approuvons cette décision ; mais ce que nous regret-
« tons profondément, c'est que le gouvernement n'ait
« pas tenu compte du vote de nos officiers en nom-
« mant le capitaine Bellamy qui est très aimé et res-
« pecté, et a beaucoup d'autorité et de valeur ; malgré
« l'état de démoralisation qui sévit au bataillon, le
« capitaine Bellamy aurait fait de nous ce qu'il au-
« rait voulu.

23 Décembre.

Au Rapport. — La 7ᵉ compagnie sera de piquet aujour-
d'hui après l'appel de midi. Théorie dans les chambres par
les sous-officiers et caporaux, sous la surveillance des officiers de section.

« A l'appel de midi, le commandant Breton a été
« présenté au bataillon, et reçu dans la forme ordi-
« naire; c'est un maigre pas très grand, paraissant
« très énergique. »

24 Décembre.

Au Rapport. — Les commandants de compagnie fourniront aujourd'hui des états nominatifs : 1° Des hommes
susceptibles d'être élèves caporaux; 2° des officiers, sous-
officiers et caporaux absents, indiquant depuis quel temps
dure l'absence, et si elle doit se prolonger; 3° et des
hommes qui sont exemptés de service pour une cause quelconque, en indiquant le motif.

A partir d'aujourd'hui, le versement à l'ordinaire sera
réduit à cinq centimes par jour.

Ordre du Commandant. — Le sergent Maréchaux, de
la 5e compagnie, est désigné pour remplir les fonctions
de fourrier d'ordre.

« Le commandant a exigé que, pour aujourd'hui,
« nous allions au rapport chez lui; il a été très ai-
« mable avec nous, nous a fait diverses recommanda-
« tions qui démontrent qu'il y a quelque chose de
« changé dans la vie du bataillon.

« En sortant de chez lui, l'un de nous a fait cette
« réflexion : Avec notre nouveau chef de bataillon,
« s'il y a une affaire par ici, nous pouvons être sûrs
« que nous en serons ».

« Nous avons fait réveillon cette nuit entre sous-
« officiers de la 7e, Binet et Roubault. Ce réveillon a
« consisté tout simplement dans un punch, et pour
« remplacer les crêpes, on a mangé du biscuit renflé
« dans de l'eau chaude et trempé ensuite dans de
« l'eau-de-vie; c'est, du reste, le seul moyen pratique
« de le manger. »

25 Décembre.

Au Rapport. — Appel à midi, les pans de la capote
tombants et le pantalon par dessus les guêtres.

« Journée sombre et ennuyeuse que nous avons pas-
« sée dans nos chambres à jouer aux cartes; en nous
« reportant à un an en arrière, nous nous disons qu'à
« ce moment-là on ne pouvait guère penser à ce que
« serait pour nous la fête de Noël de 1870. »

26 Décembre.

Au Rapport. — Après l'appel de midi, promenade militaire pendant une heure, les pans de la capote relevés.

« Aujourd'hui encore, à part la promenade, nous
« n'avons pas quitté le cantonnement; du reste le
« froid reprend ; il gèle, et on est bien auprès du feu.
« Il tombe même un peu de neige. »

27 Décembre.

Au Rapport. — Aujourd'hui, si le temps le permet, marche militaire après l'appel, sinon, théorie dans les chambres par les sous-officiers et immédiatement après corvée de neige sous la surveillance des sergents de semaine.

Ordre du Colonel. — Envoyer au colonel l'état des officiers qui, pour cause de santé, sont dans l'impossibilité de faire un service actif.

Le colonel prie Messieurs les chefs de bataillon de faire faire des théories pratiques et orales aux lieutenants, sous-lieutenants, sous-officiers et caporaux.

« Après le rapport aujourd'hui, l'adjudant nous a
« invités, les 8 sergents-majors, à nous trouver chez
« le commandant, demain, à 8 heures, pour subir un
« examen d'aptitude au grade de sous-lieutenant.

« Toute la journée, le canon s'est fait entendre avec
« intensité du côté des forts de l'Est. Après avoir dé-
« masqué leurs batteries de ce côté, les Prussiens
« bombardent le plateau d'Avron et les forts ; ce qui
« fait présager que la guerre va entrer dans une
« phase nouvelle autour de Paris. »

28 Décembre.

Au Rapport. — Les sous-officiers, caporaux et élèves caporaux se tiendront prêts à 10 heures, le pantalon dans les guêtres, sac au dos, couvertures roulées pour l'inspection du colonel commandant la brigade ; Messieurs les lieutenants et sous-lieutenants seront présents. Théorie après l'appel de midi par les sous-officiers, dans les chambres.

Le versement à l'ordinaire recommencera dans toutes les compagnies à partir du 1er janvier et sera de deux centimes par jour et par homme.

ORDRE DU COMMANDANT. — Les nominations et mutations ci-après sont faites dans le 3e bataillon de Seine-et-Marne, savoir :

Fournier, sergent à la 4e compagnie et Gérard, caporal à la 3e, sont remis soldats pour cause d'absence prolongée, qui nuit au bien du service.

Lefèvre, sergent-fourrier; Ricez, Lebrun, Terrage, Humeau et Beaurepaire, caporaux, sont remis soldats pour cause de maladie faisant prévoir un traitement prolongé.

Sont nommés :

Sergents :

A la 4e compagnie : Binet, caporal à la 7e; Boulin, caporal.

Caporal-Fourrier :

A la 1e compagnie : Griotteray, caporal à la même compagnie.

A la 5e compagnie : Chabrié, caporal à la même compagnie.

Caporaux :

A la 1re compagnie : Pierrelée, soldat à la même compagnie.

A la 3e compagnie : Didier, soldat.

A la 4e compagnie : Fahy, soldat.

A la 5e compagnie : Lesage, soldat.

A la 7e compagnie : Tissier, soldat à la 2e compagnie.

A la 8e compagnie : Barrat et Balossier, soldats.

« Nous avons appris ce matin, sans qu'aucun ordre
« ait paru à ce sujet, que, depuis hier, nous avons
« un nouveau colonel pour commander la brigade
« formée par notre régiment et celui du Loiret; le
« nouveau colonel s'appelle Balette et sort des
« zouaves.

« Tantôt, à 1 heure, l'adjudant et les 8 sergents-
« majors ont passé chez le commandant un examen
« présidé par le colonel Balette. J'ai su, en sortant,
« par l'adjudant-major, qui y assistait, que j'avais
« obtenu le numéro 3 sur 9. »

29 Décembre.

RAPPORT DU MATIN. — Après l'appel de midi, théorie pratique pour les sous-officiers et caporaux, par l'adjudant-major.

RAPPORT DU SOIR. — Demain matin, la soupe sera mangée à 9 heures. Départ du bataillon à 11 heures, on rappellera à 10 heures et demie; les sous-officiers feront préparer les hommes d'avance, on emportera tout l'équipement, les effets, les cartouches, les couvertures et le campement; l'avant-garde, sous le commandement de l'adjudant-major sera composée des fourriers et de l'adjudant; les sous-officiers seront présents lors de l'arrivée du bataillon et conduiront leur compagnie aux chambres désignées.

« Voici près de 4 semaines que nous sommes à
« Neuilly et, comme on s'est bien reposé, nous ne
« demandons pas mieux que de reprendre le service
« des avant-postes. Nous devons, paraît-il, être can-
« tonnés dans la caserne de Courbevoie, occupée,
« avant la guerre, par les voltigeurs de la garde. »

30 Décembre.

RIEN AU RAPPORT.

« Suivant les ordres d'hier, nous avons quitté
« l'avenue de Neuilly à midi et sommes arrivés à
« 2 heures à la caserne de Courbevoie; le cantonne-
« ment fixé pour la 7° se trouve dans le fond de la
« cour, en face l'entrée de la caserne et les chambres
« sont au premier, les couloirs sont bitumés, mais,
« fort heureusement, les dortoirs sont parquetés.

« Il n'y a pas de lits ni de matelas, on doit cou-
« cher entortillé dans sa couverture.

« La chambre des sous-officiers se trouve dans l'aile
« droite du bâtiment, elle est assez logeable et a
« deux fenêtres sur la cour.

« Une heure après notre arrivée, il fallait voir les
« hommes du bataillon, parcourant les rues de Cour-
« bevoie et rentrer à la caserne avec de la paille, des
« matelas et surtout des poëles. Pour notre compte,
« nous avons réussi à nous procurer quelques matelas
« et un poële chez une bonne femme qui était gar-

« dienne de la maison dans laquelle nous étions can-
« tonnés en novembre; on ne peut pas se passer de
« feu, le casernement est humide, la neige n'a pas
« fondu et il fait plus de 10 degrés de froid. »

31 Décembre.

Au Rapport. — La 7ᵉ compagnie sera de grand'garde aujourd'hui. Le commandant prévient les commandants de compagnie que le colonel ne veut voir ni matelas, ni poëles dans les chambres et que tout devra être débarrassé aujourd'hui.

Ordre du Colonel. — Le colonel vient de recevoir la lettre suivante de la brigade :

« J'ai le regret de vous annoncer que le 3ᵉ bataillon de Seine-et-Marne, à peine arrivé dans la commune, recommence les dépradations par lesquelles il s'était déjà signalé lors de son premier séjour.

« J'ai déjà reçu bon nombre de plaintes, les habitants sont exaspérés et je crains de sanglants conflits.

« Les militaires ont enlevé de beaucoup de maisons, des matelas, des lits de plumes, des poëles et d'autres ustensiles; ils cassent des treillages tout neufs aux yeux des propriétaires qui reçoivent des menaces au lieu d'excuses.

« Le colonel fait savoir au bataillon de Seine-et-Marne qu'il n'a jamais toléré de pareilles infamies et qu'il ne les tolérera pas.

« Les commandants de compagnie feront une perquisition dans les chambres, à l'effet de constater l'origine des objets étrangers qu'ils y rencontreront et les feront reporter sous leur responsabilité par les détenteurs, aujourd'hui même, aux légitimes propriétaires.

« Le chef de bataillon tiendra la main à la ponctuelle exécution de cette mesure, il veillera, en outre, à la satisfaction en temps utile, de tous les besoins prévus par les règlements afin qu'aucun motif ne puisse, sinon légitimer, du moins provoquer les désordres signalés.

Les soldats de Seine-et-Marne sont invités à se résigner à ce que le règlement leur attribue, ainsi qu'aux exigences du service de guerre.

« Tout homme qui sortira de ces limites, sera traduit
devant la cour martiale. »

Ordre du Commandant. — Le sergent V... du bataillon
de Seine-et-Marne, de garde au pavillon Chinois, s'est
absenté de son poste de 2 heures à 5 heures du soir. Ce
sous-officier est cassé de son grade à partir de ce jour et
remis soldat dans une autre compagnie, par ordre du
colonel.

> « Avant de partir à la grand'garde, nous avons
> « eu connaissance de l'ordre du colonel, ordonnant
> « de reporter où on les a pris, les poëles, matelas,
> « etc., apportés à la caserne et nous croyons bien que
> « les hommes ne se laisseront pas faire, surtout pour
> « les poëles. Le capitaine nous dit que des officiers
> « vont aller trouver le colonel pour lui demander
> « une atténuation à son ordre.

> « Nous avons pris la grand'garde à midi, au-
> « dessous du Mont-Valérien et je noterai demain ce
> « qui se sera passé. »

1er Janvier 1871.

Au Rapport. — Le colonel a constaté hier que le
commandant des grand'gardes du rond - point des Bergeries, ne connaissait pas toutes les consignes données à ce
poste ; il s'assurera auprès du capitaine du Loiret qui
commandait la garde descendante, si cet officier les a
réellement données.

Diverses rondes ont rendu compte que des sentinelles
font du feu devant elles, cet abus devra cesser et les chefs
de poste y tiendront la main.

En raison des circonstances, le colonel ne recevra pas
les visites qui sont d'usage à l'occasion du nouvel an.

Il n'y aura rien aujourd'hui, si ce n'est l'appel à midi
et parade après ; l'adjudant-major et l'adjudant de semaine veilleront à ce que le bon ordre règne au quartier
et dans l'intérieur de la place ; ils feront faire, par la
garde de police des patrouilles pour en assurer le maintien.

Les punitions, excepté celles de 15 jours de prison,
sont levées.

BIBLIOTHÈQUE NATIONALE R. F. IMPRIMÉS

7

« Ce matin, à la grand'garde, aussitôt minuit
« sonné, nous avons souhaité bonne année à nos offi-
« ciers et nous nous sommes transmis mutuellement
« nos vœux.

« A ce moment, je me suis reporté en esprit au-
« près de ma famille, me demandant si elle n'était
« pas plus malheureuse que moi et si elle n'était pas
« maltraitée par les Allemands; je formulais men-
« talement les meilleurs vœux pour la santé et le
« bonheur des miens.

« N'étant pas chef de poste, j'ai fait quelques
« rondes avec le capitaine et notre grand'garde s'est
« passée sans incident si ce n'est que tout le monde
« a souffert du froid qui augmente, puisqu'on a cons-
« taté 15 degrés de froid à 8 heures du matin.

« Rentrés à une heure à la caserne, nous avons
« appris que le colonel fermerait les yeux sur les
« poêles, mais qu'il entendait que tous les matelas
« et lits seraient restitués à leurs propriétaires. Il
« autorisera qu'on mette de la paille pour coucher,
« à la condition qu'elle soit achetée sur l'ordinaire.

« Le service de l'ordinaire reprend aujourd'hui à
« notre compagnie, avec 592 fr. 86 de boni au 1er
« janvier.

« Le jour de l'an n'arrête pas les Allemands, car
« le canon n'a cessé de tonner et le bombardement
« continue. »

2 Janvier.

Au Rapport. — Le sergent C..., de la 7e compagnie,
est puni de 15 jours de salle de police pour avoir laissé
passer à son successeur son poste souillé d'ordures.
Aujourd'hui, appel à midi. Exercice après.

« Le bois de chauffage que nous touchons aux dis-
« tributions ne suffisant pas, nos hommes vont cou-
« per du bois dans les tranchées ou sur les remblais
« de la ligne du chemin de fer, où il y a beaucoup
« d'arbres; à cet effet, j'ai acheté aujourd'hui, pour
« la compagnie, sur l'ordinaire, une scie et une co-
« gnée.

« Ce bois, quoique vert, brûle bien, cela fait de
« la fumée dans les chambres, mais on s'y fait.

« Les mobiles des Côtes-du-Nord, nos voisins,
« s'attaquent aux arbres de l'avenue qui va de la
« caserne au rond-point de Courbevoie.

« Je ne sais pas ce que nous allons devenir, mais
« la neige persiste et le froid augmente tous les
« jours. »

3 Janvier.

Au Rapport. — En descendant la grand'garde du rond-point des Bergeries, l'officier commandant fera conduire sur le poste de Puteaux, par un caporal, une patrouille de 6 hommes.

A partir d'aujourd'hui, la ration de vin est portée de 25 centilitres à 30 centilitres et la ration d'eau-de-vie est ramenée à 5 centilitres.

« Au lieu de nous donner un quart de litre de vin
« par jour, on va nous distribuer un tiers de litre à
« peu près, mais, ce que les rapports ni les ordres
« ne disent pas, c'est que, tous les jours, les quantités
« diminuent dans les rations de pain et de viande ;
« on ne nous donne plus que 300 grammes de pain
« pour 2 jours et du biscuit à peu près suffisam-
« ment. »

4 Janvier.

Au Rapport. — Sur la demande du colonel, le général de division a autorisé la livraison d'une certaine quanti de bois de chauffage, pour le bataillon de Courbevoie ; des ordres seront donnés dans ce but.

Aujourd'hui, appel, parade et théorie comme hier.

La patrouille qui a été ordonnée hier au rapport, au rond point des Bergeries, se fera tous les jours, jusqu'à nouvel ordre ; les officiers de ronde prendront de poste en poste l'escorte réglementaire ; par exception, les sous-officiers de ronde auront un homme d'escorte.

« En raison du froid persistant, on ne fait pas
« d'exercice, mais des théories dans les chambres.

« Nous, les sous-officiers de la 7ᵉ, nous ne nous
« plaignons pas de notre logement ; couchés sur des
« matelas et entortillés dans notre couverture, nous
« n'avons froid que vers le matin, car notre poele
« est éteint à 9 heures du soir. »

5 Janvier.

Au Rapport. — La 7ᵉ compagnie sera de grand'garde. Appel à midi. Théorie dans les chambres pendant une heure le matin et une heure le soir, 8 heures et 2 heures.

6 Janvier.

Au Rapport. — Aujourd'hui et demain matin, mêmes dispositions que les jours précédents.

Un certain nombre de rondes ne passent pas par tous les petits postes. MM. les officiers et sous-officiers sont priés de se renseigner.

Aujourd'hui, les sergents-majors feront prendre les billets d'hôpital entre les mains des hommes, à l'infirmerie et s'occuperont de les faire transporter.

Faire connaître, par une note, les cartouches qui manquent pour arriver à compléter 108 cartouches par homme.

Ordre de la Division. — Le soldat Blancœur, de la 2ᵉ compagnie du Loiret, a fait preuve hier de présence d'esprit et de fermeté, en parvenant, quoique n'étant pas de service, à arrêter un homme suspect. Pour ce fait, le nommé Blancœur est nommé caporal à la 7ᵉ compagnie de son bataillon.

« Notre grand'garde d'aujourd'hui a été dure, il
« a fait plus froid que jamais ; on dit que le ther-
« momètre est descendu à 18 degrés ; afin d'éviter
« des accidents aux sentinelles, on les a doublées ;
« et nos officiers ainsi que les sous-officiers ont
« fait des rondes toutes les heures ; j'en ai fait trois
« pour ma part et suis rentré avec un fort mal de
« gorge.

« Il y a beaucoup de malades en ce moment au
« bataillon, les uns à l'infirmerie, les autres à l'hô-
« pital. Notre compagnie qui a 147 hommes à l'effec-
« tif, ne compte aujourd'hui que 126 hommes pré-
« sents.

« On apprend ce soir que les Prussiens ont établi
« des batteries de siège sur les hauteurs de Meudon
« et commencé ce matin à bombarder le fort d'Issy,
« et à lancer des obus sur Grenelle, Vaugirard et
« Neuilly.

« Au moment de nous coucher, ce soir, la tempé-
« rature est très adoucie et la neige commence à
« fondre. »

7 Janvier.

Au Rapport. — Théorie pratique de midi à 2 heures
au rond-point de Courbevoie pour les officiers, sous-officiers, caporaux et élèves, le colonel assistera à la théorie.

On se préparera à la revue du colonel qui aura lieu demain dimanche.

« Ce matin, comme j'avais la fièvre, c'est le four-
« rier qui est allé au rapport.

« J'ai prié Charbonnier, sergent de semaine, en
« conduisant les malades à la visite, de demander
« au médecin-major de m'autoriser à rester à la
« chambre quelques jours, et comme le major sait
« que je ne suis pas un tire-au-flanc, il m'a inscrit
« sur la liste des malades pour trois jours à la cham-
« bre.

« Le dégel est bien arrivé, on ne voit plus de neige
« dans la cour, et il paraît qu'il fait très doux de-
« hors. »

8 Janvier.

Au Rapport. — Demain matin, service comme d'habitude. Théorie dans les chambres, à 8 heures et demie,
sur le montage, le démontage, l'entretien des armes et
la règle du tir.

Aujourd'hui, revue du colonel à midi, en armes, sac
au dos, avec les couvertures et toiles de tente, sans piquets ni gamelles, pantalon dans les guêtres, pans de la
capote relevés. Parade après la revue. Rappel à 11 heures
et demie. Appel à midi moins le quart.

« Aujourd'hui, je n'ai pas assisté à la revue, étant
« malade; j'ai lu un journal rapporté de Paris hier
« par un permissionnaire de la compagnie et j'y ai
« vu qu'une dépêche de Gambetta serait arrivée hier,
« disant que le général Faidherbe aurait battu les
« Allemands à Bapaume. »

9 Janvier.

Au Rapport. — MM. les officiers de service et surtout les chefs de poste, ne peuvent quitter leur poste sous prétexte d'une indisposition, qu'avec la permission du colonel.

Le colonel est visible toute la nuit, il est bien entendu qu'on n'a pas à compter sur des complaisances de sa part; il trouverait fort déplacé qu'un capitaine lui demandât la permission de se retirer sous le prétexte qu'il est enrhumé; il désire que les officiers se rendent bien compte des obligations et du dévouement que leur grade leur impose.

Demain matin, service habituel.

Il a été perdu à la redoute du moulin des Gibets, sur les lieux où les bataillons ont bivaqué le 6 janvier, un revolver appartenant au capitaine de la 5e compagnie du Loiret.

« Aujourd'hui le bombardement bat son plein, et
« le canon tonne avec rage; il paraît que dans les
« quartiers bombardés, les habitants se réfugient
« dans les caves, on compte pas mal de victimes. »

10 Janvier.

Au Rapport. — A 11 heures et demie, appel et parade; après l'appel, le capitaine de semaine fera exécuter comme leçon, les sonneries de l'école des tirailleurs; de 11 heures et demie à 2 heures, théories dans les chambres par les officiers.

« Pas d'incident aujourd'hui, je vais beaucoup
« mieux et n'ai plus de fièvre et je reprendrai mon
« service demain. »

11 Janvier.

Au Rapport. — Dorénavant, la sonnerie du rapport aura lieu à 10 heures; les sergents-majors se réuniront chez l'adjudant.

Dans la 7e compagnie, M..., garde mobile, 8 jours de salle de police pour absence sans permission, changés en 4 jours de prison par ordre du colonel.

Le général commandant la division a informé le colonel Balette, qu'une distribution d'un certain nombre de

paires de gants et de chaussons provenant de dons nationaux doit être faite aux différents corps de la 3ᵉ armée;
le ministre désire que ces objets soient distribués de pré-
férence aux hommes malingres; chaque commandant de
compagnie fournira un état nominatif des hommes appelés à recevoir ces effets, qui sont pour la brigade au
nombre de 440 paires de gants et 276 paires de chaussons.

Il y a 6 semaines environ, quand les troupes ont quitté
Courbevoie, les malles des officiers ont été transportées
à la caserne de Courbevoie; M. Breton, commandant du
bataillon, n'a pu retrouver la sienne. Prière de la recher-
cher; elle porte cette suscription : « M. Breton, capitaine
au 14ᵉ de ligne ».

« Comme chez nous la blague ne perd jamais ses
« droits, on entendait ce soir fredonner dans les
« coins du quartier, sur un air bien connu : « As-tu
« vu ! la malle à Breton ! »,

12 Janvier.

Au Rapport. — Demain la 7ᵉ compagnie sera de
grand'garde. Appel à 11 heures et demie. Parade après.
Théorie comme hier.

Le colonel entend que toutes les compagnies de service
et, en dehors des compagnies, tout chef de poste, puissent
trouver chez l'adjudant le nombre de peaux de moutons
en rapport avec le nombre de factionnaires et de caporaux de pause; l'adjudant ne remettra rien sans un reçu,
le signataire du reçu sera responsable si, à la descente
de la garde, il néglige de les restituer à l'adjudant.

Aujourd'hui, avant 6 heures, les sergents-majors remettront à l'adjudant toutes les peaux de moutons qu'ils
ont reçues.

Ordre du Colonel. — Par décret du 9 janvier 1871,
le sergent-major Flon est nommé sous-lieutenant à la
5ᵉ compagnie, en remplacement de M. Marx, passé au
2ᵉ bataillon de Seine-et-Marne.

« A la distribution de vivres d'aujourd'hui, les
« rations sont encore diminuées, et on nous donne
« en guise de viande, des boîtes de conserves d'as-
« perges, de pois et de thon. Heureusement qu'on

« a du café pour se soutenir, le pain qu'on nous
« donne n'est qu'un composé de menue-paille, avec
« un peu de farine. »

13 Janvier.

Au Rapport. — Aujourd'hui, à midi et demie, théorie
dans la cour sur les exercices préparatoires de tir; à 2
heures et demie, théorie pour les sous-officiers, caporaux
et élèves-caporaux; le capitaine adjudant-major enverra
au colonel les noms des officiers, sous-officiers, caporaux
et élèves.

Le colonel prévient ces Messieurs que si il lui était
signalé de la mauvaise volonté de la part de ceux qui
doivent assister à ces théories, il en augmenterait le nombre et en ferait faire le samedi et le dimanche, comme
le permet le règlement, et il casserait les absents de leur
grade.

Rien ne dispense des instructions pratiques et théo-
riques aux heures où un travail est ordonné, nulle autre
occupation ne doit en détourner; les sous-officiers comp-
tables entr'autres, profiteront des heures libres et de la
nuit pour faire leur travail journalier.

Le colonel a changé en 8 jours de prison, une punition
de 8 jours de consigne infligée par un capitaine adjudant-
major pour avoir manqué à la théorie.

« On peut voir par le rapport d'aujourd'hui que
« les sergents-majors sont les parias de la compa-
« gnie, car, en dehors du travail très long qu'ils
« ont à faire chaque jour comme écritures, il leur
« faut assister aux théories, aux grand'gardes, etc.;
« du temps du précédent colonel, ils étaient souvent
« dispensés des exercices et surtout des théories, et,
« aujourd'hui pour satisfaire aux ordres du nou-
« veau colonel, il faut prendre sur les nuits. »

14 Janvier.

Au Rapport. — Appel à midi. Parade à midi et demie.
De une heure à deux heures, théorie pratique au rond-
point, le colonel s'y rendra; à 3 heures, revue dans les
chambres, par les officiers de sections.

« Notre grand'garde terminée aujourd'hui, à midi,
« a eu lieu comme les autres, au pont de Bezons;

« rien d'extraordinaire ne s'est passé. Par la force
« des choses, je n'ai pas assisté à la théorie, puisque
« nous ne sommes rentrés au quartier qu'après une
« heure et demie.

« Ayant besoin de linge, j'ai demandé une permis-
« sion pour aller demain à Paris après le rapport,
« et elle m'a été accordée. »

15 Janvier.

Au Rapport. — A 11 heures et demie, revue des commandants de compagnie. Demain matin, de 7 heures et
demie à 8 heures et demie, théorie dans les chambres
sur le service en campagne.

Ordre du Colonel. — Dans la nuit d'avant-hier les
bataillons ayant dû prendre les armes, la réunion se fit
très lentement et ils n'étaient pas encore en mesure de
sortir trois quarts-d'heure après le premier appel.

Ces réflexions et ces observations s'appliquent surtout
à deux d'entr'eux, le 3e bataillon de Seine-et-Marne ayant
montré une promptitude dont le colonel le félicite.

Cette lenteur qui s'explique si peu dans une caserne,
offre les plus grands dangers ; on ne peut concevoir d'ail-
leurs, lorsqu'il s'agit de prendre les armes, que les hommes apportent tant de molesse à se préparer et se réunir.

Cinq minutes après le rappel du clairon, les bataillons devront être sous les armes dans la cour.

Il est certain que, dans la position de Courbevoie où
nous sommes, l'ennemi, s'il nous attaquait, serait sur la
position, sans y trouver un seul homme pour résister à
une attaque.

« J'ai fait un voyage inutile à Paris. Je suis allé
« à Grenelle pour voir les cousins Goussault et y
« chercher du linge, mais le bombardement du quar-
« tier les a fait fuir à Montmartre chez un autre
« cousin, Légal, qui habite rue Saint-Joseph.

« Je suis donc revenu sans linge, et à l'aller comme
« au retour, j'ai passé au travers des obus qui écla-
« taient sur le quartier, plusieurs même tombaient
« dans la Seine.

« J'ai causé un instant à la Porte-Maillot avec
« un lieutenant de garde nationale qui m'a dit que

« c'était toujours la même chose dans Paris; tous
« les jours, des nouvelles de plus en plus contradic-
« toires et surtout la rareté des vivres qui faisait
« bien crier le peuple. »

16 Janvier.

Au Rapport. — Même service et mêmes dispositions
que d'habitude. De midi et demie à 2 heures, théorie
dans les chambres, sur le montage et le démontage de
l'arme.

« Journée calme, continuation du bombardement.
« Comme il fait très doux, j'ai fait laver mon linge,
« de manière à pouvoir changer ces jours-ci, car
« j'en ai plus que besoin. »

17 Janvier.

Au Rapport. — Même service et mêmes dispositions
que d'habitude. Exercice à 2 heures, école de bataillon.

Le colonel recommande aux officiers et sous-officiers
de ronde, de bien préciser dans leur rapport les postes
des sentinelles prises en défaut, rien ne doit détourner
de ce soin important; s'ils le négligeaient, leur service
deviendrait presqu'illusoire.

18 Janvier.

Au Rapport. — Aujourd'hui, à 11 heures et demie,
appel; à midi, parade; à 2 heures et demie, exercice sur
l'avenue Montebello pour les compagnies qui n'ont pas
de service.

« Il passe aujourd'hui, dans Courbevoie, beaucoup
« de troupes Nous aurons, sans doute, du nouveau
« ces jours-ci; nous y sommes disposés, car les vivres
« vont manquer et, d'une manière ou d'une autre,
« il faut sortir de là.

« Dans la période du 12 au 18 janvier, ont paru
« deux ordres que je ne puis reproduire en ayant
« égaré les brouillons.

« Le premier, du colonel, portait à la connaissance
« du bataillon la nomination de deux sergents-ma-
« jors, au grade de sous-lieutenant; je crois me
« rappeler qu'il s'agissait de Lefèvre, sergent-major
« à la 1re et de Latombe, sergent-major à la 8e.

« Le deuxième, du commandant, nommant, en
« remplacement des deux sergents-majors, passés
« sous-lieutenants : A la 1re, X... et à la 8e, Pinon,
« caporal-fourrier.

« On remarquera que, malgré le numéro 3 obtenu
« par moi aux examens je n'ai pas été nommé sous-
« lieutenant; le colonel Balette n'a pas voulu passer
« par dessus la punition que j'avais encourue et a
« présenté le numéro 4. »

19 Janvier.

Pas de Rapport.

Ordre du Colonel (1 heure du matin). — Les bataillons prendront les armes et seront sur les rangs à 4 heures trois quarts du matin, le réveil aura lieu à 4 heures. Pas de sonnerie ni de bruit, on mangera la soupe avant le départ. On prendra les sacs, renfermant seulement les vivres de la journée et un jour de vivres tiré des deux jours de réserve. Les commandants de compagnie veilleront à ce que les hommes prennent toutes leurs cartouches et les distributions seront faites assez à temps pour ne pas entraver le départ; ces distributions pourront se faire cette nuit; les hommes auront seulement la couverture roulée sur le sac.

20 Janvier.

Au Rapport. — Il n'y aura rien aujourd'hui, qu'un appel à midi dont le résultat sera envoyé au colonel.

On s'occupera sans aucun retard de compléter le nombre des cartouches. Messieurs les capitaines sont autorisés à lever les punitions des hommes qui, ayant marché sous leurs ordres, leur auront donné de la satisfaction par leur attitude.

Le commandant recommande que l'appel soit fait le plus rigoureusement possible.

« C'est seulement aujourd'hui 20 janvier, après-
« midi, que je puis résumer toutes les phases de la
« journée d'hier, au cours de laquelle nous avons
« reçu le baptême du feu.

« Nous avons quitté la caserne à 5 heures du
« matin et avons suivi la ligne de Versailles, jus-
« qu'à la vallée qui sépare le Mont-Valérien des hau-

« teurs de Garches et de Saint-Cloud; nous avions,
« en marchant, des troupes devant et derrière nous.

« Vers 7 heures, notre bataillon était aligné en
« bataille, dans une prairie à 1 kilomètre à peu près
« d'une ferme appelée « La Fouilleuse » et, juste à
« ce moment, le Mont-Valérien donnait, par trois
« coups de canon, le signal aux troupes, en position
« devant nous, de marcher en avant.

« Nous ne voyions pas ces troupes dont un brouil-
« lard opaque nous séparait, mais nous savions que
« nous faisions partie de la colonne d'attaque de
« gauche, commandée par le général Vinoy et que
« les troupes qui étaient en première ligne devant
« nous étaient : un régiment de ligne, un bataillon
« de zouaves et des mobiles de la Vendée et de la
« Drôme.

« Dix minutes après les premiers coups de feu
« étaient tirés et, une demi-heure ne s'écoulait pas
« sans qu'on entendit la fusillade sur toute la ligne.

« Vers 8 heures on nous fit avancer suffisamment
« pour avoir le brouillard à dos, nous étions dans
« le bas du versant montant à Garches et à Montre-
« tout; nous aperçûmes alors nos tirailleurs à 15 ou
« 1800 mètres en avant et, vers 8 heures et demie,
« nous vîmes leurs compagnies de réserve qui
« étaient devant nous, avancer au pas de charge pour
« occuper une briqueterie que les Prussiens venaient
« d'abandonner. A ce moment, nous recevions
« quelques balles mortes qui ne pouvaient nous faire
« aucun mal et nous nous regardions sans parler;
« je ne veux pas nier que tous, nous faisions menta-
« lement des réflexions rien moins que gaies; comme
« j'avais pris la précaution de faire remplir à la
« cantine mon bidon d'eau-de-vie, je lui donnai une
« forte accolade.

« La briqueterie occupée, on nous fit avancer, les
« 8 compagnies de front, mais en colonne de route
« pour donner moins de surface jusqu'à un chemin
« suffisamment encaissé pour qu'en se baissant, on
« put s'abriter des balles

« Il était alors près de 9 heures et nous pûmes
« voir à notre gauche les mobiles d'Ile-et-Villaine,
« je crois, prendre d'assaut la redoute de Montre-

« tout, occupée par un fort poste Prussien et un des
« clairons bretons, debout sur un des épaulements
« de la redoute, sonnant la charge à pleins poumons.
« Ce spectacle nous électrisa et ramena chez beau-
« coup d'entre nous du réconfort et du courage.

« Mais un autre spectacle plus navrant nous at-
« tendait, car on commençait à voir passer les bles-
« sés par le chemin où nous étions, conduits à l'am-
« bulance de la Fouilleuse sur des brancards ou mon-
« tés à dos de mulet, sur des cacolets; quelques-uns,
« même, pouvant encore marcher; il y avait là, des
« lignards, des mobiles, quelques gardes nationaux,
« mais, surtout, des zouaves; ce défilé de blessés qui
« a duré toute la journée, m'a laissé une impression
« de tristesse telle que je l'ai eu sous les yeux toute
« la nuit dernière et n'ai pu dormir.

« Nous avons vu passer par le même chemin une
« quarantaine de Prussiens faits prisonniers dans
« la redoute et conduits à l'arrière de l'armée par
« des Bretons.

« A différentes reprises, comme la fusillade s'éloi-
« gnait et que nos lignes de tirailleurs gagnaient du
« terrain, on nous fit avancer, toujours en colonne
« de marche et, à chaque arrêt, chacun s'abritait
« comme il pouvait; nous n'étions pourtant pas en-
« core dans la zone dangereuse, mais nous allions y
« entrer.

« Vers une heure après-midi, nous étions arrivés
« vers la briqueterie qui avait été enlevée le matin
« et notre compagnie et la huitième se mirent à
« l'abri derrière, car les balles sifflaient dur et les
« obus prussiens commençaient à tomber autour de
« nous.

« En effectuant ce dernier mouvement, une balle
« atteignit le sergent Dupont, de notre compagnie
« au défaut de l'épaule; mais, heureusement, fut
« amortie par la bretelle du sac et ne lui fit qu'une
« contusion.

« Les 6 autres compagnies s'abritèrent du mieux
« qu'elles purent au long des berges de la route
« dite de l'Empereur, qui passe devant la brique-
« terie.

« Pendant tous ces mouvements nous avons été vi-
« sités par le colonel, le commandant et les capi-
« taines Bellamy et Barradez, qui venaient se ren-
« dre compte de notre attitude et nous réconforter
« par de fortes paroles; notre attitude leur a paru
« bonne et celle de nos officiers surtout.

« Nous nous demandions pourquoi nos canons, qui
« étaient en batterie vers la ferme de la Fouilleuse,
« et qui tiraient depuis le matin, ne suivaient pas
« notre mouvement en avant, mais il paraît que les
« roues des canons enfonçaient tellement dans le
« terrain détrempé que les chevaux ne pouvaient
« pas les traîner.

« Pendant que nous étions ainsi, nous croyant
« bien abrités, un obus vint éclater entre notre com-
« pagnie et la 8°, et causa une panique qui ne dura
« qu'un instant; notre compagnie s'en tira avec des
« éclaboussures de terre, mais la 8° compagnie comp-
« tait 4 blessés dont 2 grièvement; ces blessés furent
« emmenés immédiatement à l'ambulance par nos
« brancardiers.

« Nous restâmes dans cette position jusqu'à près
« de 5 heures, quand, à ce moment-là un officier
« d'Etat-major vint prévenir le colonel que la re-
« traite allait commencer et qu'aussitôt que les li-
« gnes de tirailleurs et les troupes qui étaient en
« avant passeraient, en se repliant, à la hauteur du
« bataillon, nous devions nous développer en tirail-
« leurs pour protéger la retraite.

« Le commandant donna des ordres, et on nous dit
« que lors du déploiement du bataillon, la 7° et la
« 8° resteraient en réserve.

« En effet, comme la nuit tombait, et que les
« troupes qui étaient devant nous se retiraient et
« passaient à la hauteur du bataillon, les 6 premières
« compagnies se déployèrent en tirailleurs et ouvri-
« rent un feu très vif sur l'ennemi; notre retraite
« s'effectua par bonds successifs, toujours face à
« l'ennemi, et les tirailleurs continuant leur feu,
« jusqu'à ce que, arrivés à la ferme de la Fouilleuse
« on fit cesser le feu et on rassembla le bataillon
« qui reprit le chemin du matin pour rentrer à la
« caserne où nous arrivâmes vers 8 heures.

« Pour rester dans le vrai, je dois dire, qu'à part
« une fusillade plutôt molle et les obus, les Prus-
« siens ne nous poursuivirent pas vigoureusement
« au moment de la retraite, et qu'ils n'ont repris
« possession que ce matin des positions abandonnées
« hier par nous.

« Mais je dois dire aussi que l'affaire avait été
« organisée et menée, de notre côté, d'une façon dé-
« plorable; ainsi par exemple : hier, à midi, il y
« avait encore des batteries d'artillerie au rond-
« point de Courbevoie, qui ne pouvaient avancer par
« suite d'encombrement des routes, et un demi-ba-
« taillon de mobiles de la Loire-Inférieure, n'ayant
« pas été prévenu hier soir qu'on battait en retraite,
« a été fait prisonnier par les Prussiens, ce matin;
« ce qui prouve bien qu'on n'attendait aucun résul-
« tat de cette prise d'armes, c'est que nous n'avions
« emporté ni vivres de réserve, ni campement.

« Pour faire ce qui s'est fait hier, autant se rendre
« tout de suite, cela vaudra mieux que de faire tuer
« tant de monde pour rien, comme le criaient déjà
« les troupes revenant de l'affaire de Champigny;
« car si notre bataillon a été peu éprouvé, il y en
« a d'autres qui ont perdu la moitié de leur effectif
« dans l'affaire d'hier.

« Nous avons eu dans le bataillon : 1 sergent-ma-
« jor disparu (Pinon), 4 tués et 13 blessés.

« Aujourd'hui, 20 janvier, après avoir mis mes
« notes d'hier au courant, je me suis jeté sur mon
« matelas et j'ai pu me reposer un peu. »

21 Janvier.

Au Rapport. — Le bataillon se mettra en mesure de
faire faire les réparations d'armes, une revue sera passée
par les commandants de compagnie et, immédiatement,
des corvées seront envoyées aux ateliers de réparation.

Aujourd'hui, appel à midi. Parade après. De midi et
demie à 2 heures, théorie pratique.

« On dit que Paris murmure fort et on craint une
« émeute. Une grande partie des troupes cantonnées
« autour de Courbevoie est dirigée sur Paris. »

22 Janvier.

Au Rapport. — Appel dans les chambres à 11 heures. Parade après. Demain matin, théorie pratique à 8 heures et demie.

« Comme on le craignait, il y a eu un commence-
« ment d'émeute aujourd'hui à Paris dans le quar-
« tier de l'Hôtel de Ville ; mais ce soir on apprend
« que cette échauffourrée a été étouffée par les mo-
« biles du Finistère, et qu'on a laissé sur le terrain
« une centaine de révoltés. »

23 Janvier.

Au Rapport. — Appel dans les chambres, à 11 heures et demie, parade immédiatement après, et théorie ensuite.

Messieurs les chefs de bataillon sont priés de se réunir chez le colonel, à 11 heures et demie.

« On ne fait pour ainsi dire plus de service, il n'y
« a que les grand'gardes qui ne chôment pas ; mais
« elles sont réparties de telle façon dans la brigade,
« que la 7e n'en aura pas à faire avant 8 jours.

« On commence à lire sur les murs de la caserne
« les mots : Vive la Paix ! écrits au charbon. »

24 Janvier.

Au Rapport. — Appel à 11 heures et demie. Parade après. Théorie dans les chambres, de midi et demie à 2 heures, par les officiers.

Ordre du Commandant. — La permutation demandée par le caporal Champenois, de la 4e compagnie, et le caporal Delyès, de la 5e compagnie est autorisée.

25 Janvier.

Au Rapport. — Aujourd'hui, mêmes dispositions qu'hier, demain également. Conformément aux ordres de la brigade, le 1er bataillon des Côtes-du-Nord rentrera à Neuilly aujourd'hui.

Ordre du Régiment. — Le caporal F..., de la 2e compagnie du ... bataillon, signalé comme mauvais caporal, a été puni de 4 jours de prison par son chef de poste, pour, ayant été chargé de conduire un artilleur, être revenu très tard et avec un de ses hommes complètement ivre.

Cette faute est des plus graves et donne la preuve que ce caporal n'a pas l'aptitude et la dignité de son grade; en conséquence, il est cassé et remis soldat à la même compagnie.

« Je suis allé à Paris aujourd'hui chercher du
« linge et partout où je suis passé, les idées sont à
« la paix, il n'y a que les gardes nationaux des
« quartiers excentriques qui n'en veulent pas, ils se
« trouvent bien comme cela avec leurs trente sous
« par jour.

« Au moment de quitter Paris, la nouvelle se ré-
« pandait que l'armée de la Loire venait d'être
« battue et était en retraite sur Le Mans. »

26 Janvier.

Au Rapport. — Appel à 11 heures et demie. Parade ensuite. Théorie comme hier.

« Il y a quelque chose dans l'air, soit la paix, soit
« autre chose, tout le monde est soucieux aujour-
« d'hui et on pressent qu'on aura du nouveau de-
« main. »

27 Janvier.

Au Rapport. — Appel à 11 heures et demie.

« Au rapport, on ne prescrit que l'appel et on ne
« nous dit rien de ce qui se passe à Paris, mais,
« nous savons que des conventions ont été arrêtées
« hier, à Versailles, entre Jules Favre et Bismark.
« Ces conventions ne sont pas encore officielles et
« on n'en connaît pas la nature puisqu'elles n'ont
« pas encore été publiées, mais ce qu'on sait bien,
« c'est que c'est la paix prochaine. En tout cas, les
« hostilités sont suspendues car on n'a pas entendu
« aujourd'hui un seul coup de canon. »

TROISIÈME PÉRIODE
(du 28 Janvier au 7 Mars 1871)

28 Janvier.

Au Rapport. — Appel à midi. Théorie pratique de midi et demi à deux heures et demie. A 3 heures et demie, revue des officiers de section. Travaux de propreté.

> « La signature de l'armistice est officielle et une
> « proclamation du gouverneur de Paris l'annonçant,
> « est affichée dans Paris; on respire enfin, car la
> « santé des troupes devenait compromise, on nous
> « distribue en ce moment pour deux jours de vivres
> « qui disparaissent en un repas et le pain n'est plus
> « mangeable; nous avons des compagnies qui ont un
> « tiers de leur effectif malade à l'hôpital à l'ambu-
> « lance ou à la chambre. Dans la 7ᵉ compagnie, on
> « compte aux appels 118 hommes présents. »

29 Janvier.

Au Rapport. — Le colonel reçoit à l'instant la dépêche suivante :

> « Faites rentrer tous vos postes et tenez toutes les
> « troupes prêtes à partir ce matin à 9 heures, que pas
> « un homme ne reste en arrière, un avis ultérieur vous
> « indiquera l'heure du départ, votre itinéraire et les
> « cantonnements qui vous sont affectés dans le 6ᵉ sec-
> « teur. »

Au moment du départ, appel dont on rendra compte au colonel.

Le colonel prévient qu'il n'y aura pas un 2ᵉ voyage à faire pour les voitures et qu'on doit tout emporter.

> « Nous avons quitté la caserne de Courbevoie ce
> « matin, à 9 heures.

> « Auparavant, nous avons fait reporter les ma-
> « telas de la chambre des sous-officiers à la femme
> « qui nous les avait confiés et l'un de nous est allé

« la remercier et lui remettre une indemnité de notre
« part.

« Nous étions à Passy-Auteuil à midi où notre can-
« tonnement a été fixé pour le bataillon. La 7e
« compagnie était cantonnée dans la rue Spontini;
« la majeure partie des hommes était cantonnée dans
« des salles parquetées et le surplus, chez les habi-
« tants. Tous les sous-officiers de la 7e étaient logés
« au n° 59 de la rue Spontini. »

30 Janvier.

Au Rapport. — Les bataillons enverront chacun un
planton chez le colonel, ces plantons seront réunis à 9
heures chez l'adjudant qui les fera conduire au logement
du colonel.

« Aujourd'hui, corvée d'installation, sans inci-
« dent; on nous dit que Paris est ouvert à tous ceux
« qui sont porteurs d'un laisser-passer. »

31 Janvier.

Au Rapport. — Tous les matins, appel à 8 heures, à
9 heures, appel général. Réunion à midi rue du Rane-
lahg, en ceinturon. L'adresse des officiers sera remise aujourd'hui à l'adjudant.

« A l'appel du matin, nous avons eu 18 manquants
« à la compagnie, nous avons su que ces hommes,
« ayant appris qu'on se procurait facilement des
« laisser-passer, par l'intermédiaire des parents et
« amis qu'on pouvait avoir à Paris, étaient sans
« doute partis voir leur famille en province.

« Comme il en était à peu près de même dans
« toutes les compagnies, le commandant, compre-
« nant le motif presqu'excusable de ces absences, a
« donné l'ordre de ne les porter manquants qu'après
« 3 appels de midi, mais il a ordonné que leur prêt
« serait versé à l'ordinaire pendant chaque jour
« d'absence.

« Si cela m'était possible, j'en ferais bien autant
« qu'eux, mais ma fonction ne me le permet pas. »

1ᵉʳ Février.

Au Rapport. — Mêmes dispositions qu'hier.

« Comme j'avais prévenu mes parents de Paris que
« nous étions rentrés dans Paris et leur avais donné
« mon adresse, j'ai reçu un mot d'eux ce matin, me
« disant qu'ils retournaient aujourd'hui à Billan-
« court, tâcher de reprendre le plus vite possible leur
« industrie de blanchisseurs.

« Supposant aussi que le service des postes va
« fonctionner, j'ai écrit également à ma famille, à
« Guignes. »

2 Février.

Au Rapport. — Les commandants de compagnie donneront des ordres afin que le sergent et le caporal de semaine ne s'absentent pas du cantonnement; les officiers
de semaine devront, dans la journée, surveiller l'exécution de cette mesure et en seront responsables.

Les sergents-majors et les sergents-fourriers ne pourront s'absenter non plus.

A partir d'aujourd'hui, il y aura appel à midi; tous
les officiers y assisteront.

L'appel est sous la responsabilité de l'officier de semaine, ce dernier doit suivre le sergent-major lorsqu'il
appelle les hommes.

La 7ᵉ compagnie fournira aujourd'hui 2 hommes de
garde et un planton.

Ordre du Général en chef. — Le colonel communique
l'ordre suivant, reçu par le général de division :

« Mon cher Général,

« J'ai eu l'honneur de vous adresser un ordre général
du ministre à l'armée de Paris. L'appel fait à la discipline sera entendu, mais il est indispensable de prescrire
certaines dispositions, dont je vais vous indiquer l'esprit
et dont vous aurez à régler le détail.

L'endivisionnement et l'embrigadement des troupes seront maintenus; Messieurs les officiers généraux, les
chefs de corps et les officiers de tout grade devront se
loger au centre de la circonscription occupée par leurs

troupes; il sera fait au milieu du jour, un appel auquel seront présents tous les officiers; l'installation des hommes fera l'objet des soins les plus attentifs.

Messieurs les commandants des secteurs auxquels il est bien entendu qu'appartient toute l'autorité des commandants de place, seront chargés de tous les détails et de trancher en dernier ressort, toutes les difficultés qui pourraient se présenter à cet égard.

On s'occupera de la tenue, et on ne négligera rien pour que la discipline, qui est plus nécessaire que jamais, soit entièrement sauvegardée.

Pour les troupes cantonnées chez les habitants, les officiers de semaine feront fréquemment des visites dans les logements, et s'assureront que les hommes se conduisent convenablement et sont traités avec égards.

Je vous prie de vouloir bien adresser aux troupes placées sous votre commandement, des instructions précises à ce sujet, et d'en faire surveiller rigoureusement l'exécution.

« Comme j'étais occupé aujourd'hui, vers 3 heures,
« à mes écritures dans ma chambre, Cornuet, mon
« brosseur, en ouvrant la porte, m'annonça de la vi-
« site; je me retournai et j'aperçus mon père et
« mon beau-frère, je me jetai à leur cou et on peut
« comprendre à quels épanchements nous nous
« sommes livrés.

« Après avoir pris des nouvelles de tous ceux qui
« m'étaient chers, et qui, fort heureusement, n'a-
« vaient pas souffert de l'invasion et se portaient
« bien, nous partîmes tous les trois pour Billancourt
« avec les provisions qu'ils avaient apportées et sur-
« tout un pain blanc qui me paraissait du gâteau,
« et nous dînâmes tous gaiement, comme cela ne
« nous était pas arrivé depuis longtemps; je rentrai
« à Passy vers 10 heures, les miens restant à coucher
« à Billancourt, pour repartir demain. »

3 Février.

Au Rapport. — On réunira les cartouches qui seront apportées demain à 9 heures chez l'adjudant où une voiture du train les prendra. Appel à midi.

« J'ai pu passer une bonne partie de la matinée
« aujourd'hui avec mon père et mon beau-frère; ils
« m'ont quitté à midi au moment de l'appel pour
« repartir à Guignes à pied; ils espèrent trouver des
« occasions pour faire au retour comme il ont eu
« la chance de le faire à l'aller, une partie de la
« route en voiture. »

4 Février.

Au Rapport. — Appel à midi.

Ordre du Commandant. — Est nommé sergent à la
1ʳᵉ compagnie, Lebrun, ancien sergent-fourrier à la
5ᵉ compagnie.

« Aujourd'hui, la 7ᵉ compagnie a rendu 7.190 car-
« touches, il reste à rendre celles des hommes ab-
« sents.

« Dans l'après-midi, avec quelques sous-officiers
« amis, nous sommes allés dîner à Paris, sur le bou-
« levard Saint-Michel, nous avons payé 4 francs
« pour ne rien manger, mais il y avait du pain
« blanc, et nous ne sommes pas difficiles. »

5 Février.

Au Rapport. — Appel à midi. Demain on rendra, au
magasin de l'Ecole militaire, les armes et tout l'équipement. Les officiers veilleront à ce que tout soit en état.
Réunion à 8 heures au lieu ordinaire.

« Pour les manquants aux appels, c'est toujours
« la même chose, les uns reviennent et les autres
« partent, et la moyenne des manquants par jour
« est de 12 à 15. »

6 Février.

Au Rapport. — Appel à midi. Les sergents-majors
prépareront, d'après leur contrôle, les états des hommes
appelés à voter le 8 février pour l'assemblée nationale;
des modèles de ces états seront donnés par l'adjudant.

Ordre du Commandant. — Le sergent-fourrier Maréchaux, de la 5ᵉ compagnie, est désigné pour remplir les
fonctions de fourrier d'ordre.

« Nous avons rendu ce matin nos armes et tout
« l'équipement, il nous reste, en dehors de l'habille-
« ment, le campement, les couvertures, le sac et
« l'étui-musette ; ce qui nous intrigue, c'est qu'on
« ne désarme pas la garde nationale.

« Pour mon compte, je me demande comment on
« pourrait réprimer une émeute, s'il s'en produisait
« une, ce qui ne serait pas surprenant, avec l'esprit
« qui règne dans Paris en ce moment. »

7 Février.

AU RAPPORT. — Appel à midi, boulevard Lannes. Demain, réunion à 10 heures au même endroit pour partir
à la caserne de Reuilly, où les hommes du bataillon sont
appelés à voter pour les membres de l'Assemblée nationale du département de Seine-et-Marne.

« Nous avons lu, en effet, le décret du gouverne-
« ment de la Défense nationale qui convoque pour
« le 8 février les électeurs, à l'effet d'élire, par dé-
« partement, les membres de l'Assemblée nationale
« qui doit se réunir à Bordeaux, le 13 février pour
« traiter de la paix. »

8 Février.

RIEN AU RAPPORT.

« Nous sommes partis ce matin par le chemin de
« fer de Ceinture, à la gare d'Auteuil, pour la ca-
« serne de Reuilly, où à la presqu'unanimité, nous
« avons voté pour la seule liste présentée en Seine-
« et-Marne ; nous sommes revenus par la même voie,
« et pour finir la soirée, je suis allé dans Paris avec
« quelques amis ; nous y avons appris que des con-
« vois de denrées de ravitaillement entrent en quan-
« tité dans Paris, depuis 2 jours ; espérons que notre
« régime va s'améliorer ; le pain depuis 2 jours est
« déjà meilleur. »

9 Février.

AU RAPPORT. — Appel à midi, boulevard Lannes.

ORDRE DU GÉNÉRAL EN CHEF. — A partir de ce jour,
les attributions du général commandant la première di-

vision militaire, en matière de justice, seront, jusqu'à nouvel ordre, exercées par le général commandant en chef l'armée de Paris. En conséquence, les plaintes en Conseil de guerre, au lieu d'être adressées au général commandant la division territoriale, le seront, par la voie hiérarchique, au général en chef.

« Nous commençons à aller passer toutes nos soi-
« rées dans le centre de Paris, et à faire un trou aux
« économies que nous avons pu faire pendant quatre
« mois. »

10 Février.

Au Rapport. — Appel à midi, boulevard Lannes.

Ordre du Général en chef. — Des plaintes me sont adressées sur les distributions de vivres; je vous prie de me signaler d'une façon précise, tous les faits qui se produiraient dans les distributions, et qui vous paraîtraient répréhensibles; il est essentiel d'arriver à organiser dans ce service, une régularité devenue possible dans les circonstances actuelles.

2e Ordre du Général en chef. — Le général en chef devait espérer que l'appel fait par l'ordre du jour du ministre de la guerre, en date du 30 janvier, au patriotisme des officiers, serait écouté de tous et que chacun aurait à cœur de remplir scrupuleusement les nouvelles obligations qui lui incombent dans les pénibles circonstances où nous sommes; cependant, les plaintes nombreuses formulées journellement constatent d'une manière certaine, qu'un trop grand nombre d'officiers abdiquent tout sentiment du devoir par des abstentions systématiques, alors qu'ils devraient comprendre plus que jamais, qu'ils doivent vivre au milieu de leurs soldats, s'inquiéter de leurs besoins, les aider de leurs conseils et, par dessus tout, leur donner l'exemple de la tenue et de la discipline.

Le général en chef, en prescrivant de nouveau à tous les officiers généraux et chefs de corps de veiller à la stricte observation des instructions qui leur ont été adressées, leur impose l'obligation de sévir avec rigueur contre les officiers sous leurs ordres qui manquent à leur devoir.

« Nous avons maintenant, le même régime, à peu
« près, qu'au mois de septembre et nous avons été
« prévenus qu'on ne toucherait plus de lard salé à
« partir du 12 février. Personne ne s'en plaindra. »

11 Février.

Au Rapport. — Appel à midi, au lieu ordinaire. Un
certain nombre d'hommes demandent à être autorisés à
travailler dans Paris pour leur compte personnel. Les
sergents-majors remettront demain au rapport la liste
nominative des hommes qui demandent l'autorisation de
travailler en ville. Prévenir ces hommes que leur prêt
entier devra être versé à l'ordinaire de leur compagnie.

« A l'appel de midi, j'ai demandé les noms des
« hommes de la compagnie désirant travailler en
« ville et j'ai inscrit les soldats Brunot, Chipot, Mar-
« tin Victor, Giot Emile, Meunier, Trevé, Ri-
« choux. »

12, 13, 14, 15, 16 et 17 Février.

Au Rapport. — Appel aux lieu et heure ordinaires.

« Pendant ces 5 jours, le rapport a été le même;
« je n'ai eu rien à noter sur mon journal, car, en
« dehors des appels, le reste du temps s'est passé en
« visites et promenades. »

18 Février.

Au Rapport. — Appel à midi, boulevard Lannes.

Ordre du Colonel. — En conformité de l'ordre général du 15 février qui dissout les commandements de
corps d'armée, de division et de brigade, les bataillons
qui composaient la 2e brigade de la 2e division cessent
d'être sous mon commandement et chaque bataillon relè-
vera directement du commandant du 6e secteur.

Comme dernière recommandation, j'insiste sur l'exécution des deux ordres généraux du commandant en chef.

Ordre d'adieux du Colonel :

Officiers et Soldats !

Je vous fais mes adieux !

Ce n'est pas sans regrets qu'on se sépare de ceux avec
lesquels on a traversé de pénibles épreuves et qui ont

donné, comme vous, à leurs chefs, le concours le plus complet.

Je puis dire hautement, moi qui ai vécu avec vous et qui, nuit et jour vous ai vu à l'œuvre, que vous avez été constamment à la hauteur de vos devoirs et que nul corps de l'armée n'a donné un plus noble exemple de résignation, de sacrifice, de discipline et de courage.

Vous êtes la preuve, ignorée peut-être, mais certaine, que la garde mobile était, pour la défense du pays, un élément de force irrésistible, pourvu qu'on lui enseignât ses devoirs et qu'on lui donnât l'éducation militaire.

Souvenez-vous de celui qui fut votre chef, comme il se souviendra de ceux qu'il eut l'honneur de commander et desquels il a eu la satisfaction de faire des braves soldats.

Si la patrie nous appelait de nouveau, c'est vous que je veux commander !

Paris, le 17 février 1871.

Signé : Colonel BALETTE.

« A l'appel de midi, en lisant l'ordre d'adieux du
« colonel Balette, j'étais en proie à une forte émo-
« tion. Je n'étais pas le seul, car, après la lecture
« terminée, j'ai constaté des traces visibles, de la
« même émotion, sur le visage de presque tous les
« hommes de la compagnie ; j'ai dû promettre à
« beaucoup, sur leur demande, de leur donner une
« copie de l'ordre d'adieux du colonel. »

19 Février.

AU RAPPORT. — Les commandants de compagnie dresseront la liste des hommes qui, à partir du 20 février, manqueront à l'appel. Ces hommes seront punis de 4 jours de prison et leur solde sera, pendant ce temps, versée à l'ordinaire.

Les sergents-majors rechercheront avec soin toutes les armes non encore rendues afin de les verser au magasin. Le général en chef entend rendre responsables les chefs de compagnie de la différence de l'effectif des hommes avec les armes versées.

« En ce moment, aux appels, nous n'avons plus
« guère que 4 ou 5 manquants, mais ce sont des réci-

« divistes de la chose et j'ai peur pour eux qu'ils
« écopent de la prison, au moment où nous allons
« peut-être partir.

20 Février.

Au Rapport. — Appel à midi. Le commandant demande qu'aussitôt cet appel la liste nominative des manquants lui soit envoyée par l'adjudant.

21, 22, 23, 24 et 25 Février.

« Pendant ces 5 jours, les rapports n'ont parlé
« que des appels. Rien de saillant à signaler. »

26 Février.

Au Rapport. — Appel à midi, les hommes seront prévenus que ce soir, à 4 heures, le bataillon quittera le cantonnement actuel pour aller camper au Champ de Mars;
la soupe devra être mangée à 3 heures. On passera par
le pont de Grenelle; on recommande aux hommes d'emporter tous leurs effets, même ceux des absents.

« Nous nous attendions depuis quelques jours à
« quitter le cantonnement, car on dit que l'entrée
« des Prussiens dans Paris est imminente, et qu'ils
« occuperont le quartier où nous étions ce matin.

« Nous sommes arrivés à 5 heures au Champ de
« Mars, et installés sous des grandes tentes d'offi-
« ciers pouvant contenir une vingtaine d'hommes.
« Les sous-officiers ont une tente pour eux seuls;
« nous attendons une corvée de paille et, ma foi,
« c'est encore un petit moment de misère à passer,
« on le passera facilement en songeant à ce que nous
« venons d'endurer, et surtout en pensant que cela
« ne peut pas durer longtemps. »

27 Février.

Au Rapport. — Appel à midi devant la tente.

« Après l'appel de midi nous avons été nous pro-
« mener dans Paris avec le sergent-major Aubergé,
« de la 5e, avec lequel j'entretiens, depuis 6 mois,
« d'excellentes relations; nous avons dîné au restau-

« rant du boulevard Saint-Michel, où j'ai dîné déjà,
« il y a 3 semaines ; le menu était tout différent et
« très copieux pour le même prix. »

28 Février.

Au Rapport. — Appel à midi. Le général en chef a
été avisé que toutes les armes n'ont pas été rendues ; il
prévient les hommes qui ne pourront justifier du versement de leurs armes, qu'ils seront traduits devant un
conseil de guerre, et que ceux qui en seraient encore détenteurs seront poursuivis conformément à la loi.

« Ce matin, le lieutenant Truinet qui était à l'hô-
« pital depuis 15 jours, est rentré à la compagnie.

« Ce soir, en rentrant de promener, le bruit court
« dans le camp, que les Prussiens doivent entrer
« demain dans Paris, et occuper le quartier compris
« entre les fortifications, la Seine, la rue du Fau-
« bour-Saint-Honoré et l'avenue des Ternes ; je con-
« sidère cette nouvelle comme mauvaise, car j'ai
« peur que les Parisiens prennent la chose du mau-
« vais côté. »

1er Mars.

Au Rapport. — Appel à midi. Le commandant recommande aux hommes d'approcher le moins possible des
berges de la Seine, le spectacle qui leur serait offert est
assez douloureux pour qu'ils suivent, non mes ordres,
mais mes conseils.

« Ce matin, dès 8 heures, la musique militaire al-
« lemande se faisait entendre de l'autre côté de la
« Seine, et à 11 heures, toute la place du Trocadéro
« était noire de troupes. En général les conseils du
« commandant ont été suivis, et si les berges de la
« Seine, du côté du Champ de Mars étaient couverts
« de monde, il y avait peu de soldats.

« Dans la soirée, nous avons fait une promenade
« sur l'Esplanade des Invalides, et nous avons ren-
« contré des personnes qui avaient traversé une par-
« tie du quartier occupé par les Allemands ; elles
« nous ont dit que, presque partout les boutiques
« et les fenêtres étaient closes, que des drapeaux
« noirs avaient été hissés dans beaucoup d'endroits,

« et que certains commerçants avaient posé sur leur
« devanture des écriteaux portant ces mots : « Fer-
« mé pour cause de deuil ».

« S'il en est ainsi, les Allemands ne pourront guère
« se glorifier de leur entrée dans Paris. »

2 Mars.

Au Rapport. — Messieurs les officiers et les hommes,
à partir d'aujourd'hui, ne devront pas s'éloigner du camp,
les ordres de licenciement pouvant arriver d'un moment
à l'autre. Appel à midi .

« Les Allemands ont quitté Paris à midi, musique
« en tête ; je suis bien heureux que mes craintes
« n'aient pas été justifiées, car qui pourrait songer
« sans frémir à ce qui serait arrivé si les gardes na-
« tionaux, armés comme ils le sont, avaient perdu
« leur sang-froid et étaient entrés dans le quartier
« occupé.

« Sentant bien que le départ est proche, j'ai fait
« dans la soirée, mes visites d'adieux aux parents
« et amis dans Paris et à Billancourt. »

3 Mars.

Rien au Rapport.

Ordre de la Brigade. — Les bataillons de la garde
mobile vont retourner dans leurs départements, tout le
monde doit se tenir prêt à partir au premier moment ;
les hommes qui n'auraient pas rendu leur fusil seront
retenus.

On continuera de camper sur l'emplacement actuel.

Les bataillons devant traverser les cantonnements occupés par l'ennemi, il est recommandé aux gardes mobiles d'avoir la meilleure tenue et la plus grande propreté.

« Nous ne quittons plus le camp ; ce soir, nous
« avons passé notre soirée (les sous-officiers de la
« 7e), dans un café près de l'Ecole militaire. »

4 Mars.

Au Rapport. — Les commandants de compagnie feront
acheter des souliers pour les hommes qui en auraient
besoin.

On partira probablement lundi, on marchera par

étapes, on se procurera des voitures dans chaque compagnie; elles seront payées sur l'ordinaire.

Faire rentrer les hommes autorisés à travailler dans Paris.

ORDRE DE LA BRIGADE. — Les bataillons de Seine-et-Marne et du Loiret partiront lundi 6 mars, de Paris, par étapes; ils verseront au préalable le campement; ils recevront du pain jusqu'à limite de 4 jours et la solde pour la durée de la route, plus 10 jours supplémentaires.

> « Tout le monde rayonne dans le campement, il
> « faut voir les figures que peuvent avoir les hommes
> « qui vont rentrer dans leur famille après les sept
> « mois d'angoisses qu'ils viennent de passer. »

5 Mars.

AU RAPPORT. — Le pain sera distribué ce soir pour un jour.

Départ demain matin, au point du jour.

L'adjudant-major et les fourriers partiront en avant-garde et chacun retournera dans sa famille.

Les bagages des officiers seront rendus au camp, une heure avant le départ.

6 Mars.

Départ à 5 heures du matin. Arrivée à Corbeil à 2 h. du soir. Etape.

7 Mars.

Départ de Corbeil à 5 heures du matin. Arrivée à Melun à une heure. Rentré dans ma famille à 8 heures.

> « Ce n'est que le lendemain de mon retour dans
> « ma famille que j'ai pu résumer sur mon journal
> « les journées des 6 et 7 mars, les deux dernières de
> « notre malheureuse campagne.

> « Le bataillon est parti de Paris à 5 heures du
> « matin, le 6 mars; la 7e était composée de 110
> « hommes au départ, car, depuis 8 jours, il y avait
> « 9 absents irrégulièrement.

> « Nous sommes sortis par la porte de Charenton et,
> « après avoir dépassé Ivry-sur-Seine, nous avons

« rencontré les premiers postes prussiens ; quelques-
« unes de ces postes sont sorties en armes et nous ont
« rendu les honneurs, d'autres ne sont pas sortis,
« mais les factionnaires ont toujours porté les armes
« à notre passage ; chaque fois que nous devions ren-
« contrer un poste, on se mettait en colonne, recti-
« fiant l'allure et marchant au pas, sans musique,
« naturellement.

« Nous avons traversé Choisy-le-Roy, Ablon et Ris-
« Orangis, et, après plusieurs repos et une grande
« halte en plaine, pour expédier notre déjeuner froid,
« nous sommes arrivés à Corbeil vers 2 heures.

« Des billets de logement ont été distribués aux
« officiers et aux sous-officiers et, comme Corbeil
« était occupé par les Allemands, nos hommes ont
« été mis en cantonnement dans les greniers des mou-
« lins de Corbeil, mais, avant de rompre, le comman-
« dant a fixé le départ pour le lendemain à 5 heures
« du matin et la réunion du bataillon, à la sortie
« de Corbeil, sur la route de Melun. Recommanda-
« tion expresse a été faite aux hommes d'éviter avec
« soin les soldats allemands, ainsi que toute provo-
« cation à leur égard.

« Je ne me suis pas servi du billet de logement,
« j'ai dîné et couché chez M. Lamarche, un pays
« qui est marchand de charbons à Corbeil, où j'ai
« été reçu à bras ouverts ; beaucoup d'hommes du
« bataillon qui avaient des connaissances à Corbeil,
« ont profité des mêmes avantages que moi.

« Selon les ordres donnés, nous avons quitté Cor-
« beil à 5 heures du matin, ayant à faire une étape
« moins longue de 7 kilomètres que celle de la veille ;
« comme c'était la dernière on ne voyait pas de traî-
« nards, les mauvais marcheurs qui étaient blessés
« au pied, se raidissaient et prenaient l'énergie né-
« cessaire pour suivre le bataillon.

« Un peu avant midi, nous avons fait la halte
« quelques kilomètres avant Melun, et nous entrions
« dans cette ville à une heure.

« Les habitants de Melun nous attendaient, sur-
« tout les parents des mobiles des deux compagnies
« de Melun, et voyant que nous entrions sans mu-
« sique, se mirent à crier sur tous les tons : « Les
« clairons, les clairons ».

« Le commandant fit faire halte, et essaya de faire
« comprendre aux personnes qui criaient que les
« conditions pénibles dans lesquelles notre retour
« s'effectuait ne nous permettaient pas une rentrée
« en musique; mais il ne put les convaincre, et, de
« guerre lasse, il donna l'ordre aux clairons de son-
« ner la marche du bataillon; nous fîmes donc notre
« entrée dans Melun avec clairons sonnant.

« Le bataillon fit halte sur la place Saint-Jean,
« où des billets de logement furent distribués aux
« hommes qui en demandèrent; il n'y eut guère que
« les moblots éloignés où les blessés qui ne pouvaient
« rentrer chez eux que le lendemain, qui couchèrent
« à Melun.

« Les compagnies allèrent ensuite à tour de rôle
« à la mairie, où les hommes rendirent leur capote;
« pendant cette opération, le capitaine ayant pré-
« venu qu'on répartirait le boni d'ordinaire entre
« tous les hommes présents à Melun, après le verse-
« ment des capotes, je préparai un état de réparti-
« tion des 741 francs formant le boni d'ordinaire
« de la 7°, au 7 mars, aux mains du capitaine, et,
« aussitôt la corvée des capotes terminée, chaque
« homme est venu toucher 6 fr. 73 pour sa part, et
« émarger l'état de répartition.

« Ceci fait, le capitaine nous a rassemblé tous et
« nous a fait ses adieux dans des termes qui ont tou-
« ché tout le monde; pour mon compte, je n'oublie-
« rai jamais les paroles plus qu'affectueuses qu'il
« m'a dites en me faisant particulièrement ses
« adieux.

« Avec les camarades de Guignes, nous avons quit-
« té Melun vers 5 heures et, sans nous soucier de
« l'étape du matin, nous sommes arrivés à Guignes
« où nos familles nous ont fait une réception que je
« ne crois pas avoir besoin de décrire.

« Le lendemain chacun a repris ses occupations;
« mais tous nous nous souviendrons, jusqu'à notre
« dernier jour, des tristes événements auxquels nous
« venons d'assister. »

FIN

MELUN. — IMPRIMERIE E. LEGRAND, 23, RUE DANCEL.